누구를
리더로
세울 것인가

누구를 리더로 세울 것인가

초판 1쇄 발행_ 2017년 4월 25일

지은이_ 백기복, 양동훈, 송영수, 고현숙
펴낸이_ 이성수
주간_ 박상두
편집_ 황영선, 이홍우, 박현지
디자인_ 고희민
마케팅_ 이현숙, 이경은
제작_ 박홍준

펴낸곳_ 올림
주소_ 03186 서울시 종로구 새문안로 92 광화문오피시아 1810호
등록_ 2000년 3월 30일 제300-2000-192호.(구:제20-183호)
전화_ 02-720-3131
팩스_ 02-6499-0898
이메일_ pom4u@naver.com
홈페이지_ http://cafe.naver.com/ollimbooks

값_ 13,000원
ISBN 978-89-93027-89-1 03320

누구를
리더로
세울 것인가

기업과 국가의 운명을 좌우할
리더 선택의 과학

백기복 | 양동훈 | 송영수 | 고현숙

올림

성공한 대통령,
존경받는 CEO를 보고 싶은가?

비극(悲劇) : 한국의 리더십은 비극이다!

대한민국의 역대 대통령 11명이 단 한 사람의 예외도 없이 모두 비극적 말로를 맞았다. 또한 CEO들 가운데 존경받을 만한 사람의 이름을 떠올리는 것은 거의 불가능에 가깝다. 성공하는 대통령, 존경받는 CEO는 다 어디로 갔는가? 실패하는 대통령, 의심스러운 CEO로 가득한 나라…. 이제는 바꿀 때도 되었다. 리더들의 실패율이 높은 이유를 진지하게 분석하여 해결할 때가 되었다. 이 말에 공감하는 사람이 많을 것이다. 저자들도 같은 생각에서 이 책을 쓰게 되었다.

귀책(歸責) : 누구에게 책임이 있는가?

대통령의 실패, CEO의 좌절은 그런 사람을 그 자리에 앉게 한 사람의 책임이다. 대통령은 유권자들이, CEO는 이사회와 주주들이 책임을 져야 한다. 리더 선발을 대충 해놓고 성공하기를 기대하는 것은 요행을 바라는 것과 같다. 대통령의 실패는 지연, 학연, 혈연 등에 의지해 뽑은 결과이고, CEO의 좌절은 코드가 맞는다는 이유로 무능력자를 선발했기 때문이다. 무책임한 유권자, 눈감은 이사회가 정신을 차리고 보다 엄격하고 공정하게 대통령과 CEO를 뽑지 않으면 이 나라의 미래는 장담할 수 없다. 올바른 리더를 뽑는 것은 국가와 기업의 사활이 걸린 문제다. 익히 알고 있듯이 리더가 국가나 기업의 운명을 좌우하기 때문이다.

복원(復元) : 탁월한 리더십을 어떻게 회복할 것인가?

유권자와 선발자가 다시 태어나야 한다. 이념이나 감정에 얽매이지 말고 국가에 필요한 리더의 역량을 기준으로 인지적이고 분석적으로 대통령을 선출해야 한다. 이런저런 연(緣)에 이

누구를 리더로 세울 것인가

끌리지 말고 기업을 살리는 능력과 가치 중심으로 CEO를 널리 찾아 영입해야 한다. '무심함(mindless)'에서 '마음가득함(mindful)'으로 후보들의 내면을 들여다봐야 한다. 그리고 유능하고 바른 후보들이 보다 쉽게 나설 수 있는 시스템을 갖춰야 한다.

성찰(省察) : 성찰하는 대통령, 열려 있는 CEO가 희망이다!

리더십 훈련과 코칭은 대통령이나 CEO에게 성찰의 기회를 제공하고 막힌 것을 뚫어주는 효과를 낳는다. 마음이 완고한 리더는 버려진 성(城)과 같고, 개념이 없는 리더는 자갈길을 달리는 요란한 빈 수레와 같다. 내가 어디에 있는지를 알려면 구글맵에서 위도와 경도를 정확히 확인해야 하는 것처럼, 리더가 사회와 조직에서 자신의 위치를 알기 위해서는 훈련과 코칭을 통한 자기성찰이 필수다.

이 책은 위의 4가지 주제를 중심으로 집필했다. 성공한 대통령, 존경받는 CEO를 볼 수 있게 하는 데 도움이 되었으면 하는 바람이다. 조직에 필요한 임원과 팀장을 선발하는 데도 좋은 참고가 되리라 믿는다. 출판의 모든 과정에 도움과 수고를 아끼지 않은 올림의 이성수 대표와 박상두 주간에게 깊은 감사의 말씀을 드린다.

저자를 대표하여
백기복

차례

: 2장 :

인재 선발, 야구만큼만 하라 ｜ 양동훈

성공하는 CEO를 선택하는 법

1장

왜 우리 대통령들은
모두 비참해졌나

성공하는 대통령을 선택하는 법

우리가 대통령을 잘못 뽑았을까?

이승만에서 박근혜까지 대한민국의 대통령들은 모두 실패한 대통령이다. 이승만은 하와이로 망명했고, 윤보선은 쿠데타로 물러났으며, 박정희는 피살되었다. 최규하는 타의에 의해 하야했고, 전두환과 노태우는 투옥되었다. 뒤를 이은 김영삼과 김대중은 부정부패로 자식들이 옥고를 치렀고, 노무현은 스스로 목숨을 끊었다. 이명박 역시 부패로 형이 투옥되었고, 박근혜는 탄핵 후 구속되었다. 결국 대한민국 대통령은 성공률 0%, 실패율 100%인 셈이다.

이는 세계적으로도 기록적인 결과다. 우리는 1960년대에 아프리카 케냐보다 못살다가 몇 배나 더 잘살게 되었다고 자랑하지만, 대통령 선출에서는 케냐보다도 훨씬 못하다. 1964년 영국으로부터 독립한 케냐를 통치한 4명의 대통령들(조모 케냐타Jomo Kenyata, 다니엘 아랍 모이Daniel Arap Moi, 므와이 키바키 Mwai Kibaki, 우후루 케냐타Uhuru Kenyatta) 가운데 누구도 비극적 최후를 맞이한 사람은 없다. 전임 대통령을 다른 나라에 특사로 보내기도 한다. 자존심 상하는 일일지 모르지만, 대통령 선출에서만큼은 대한민국이 케냐보다 몇 수 아래다.

지금까지만 보면 한국인들은 실망하려고 대통령을 뽑는 것 같다. 이번엔 괜찮겠지 하고 뽑아놓으면 또 실망하게 되고, 이번만은 잘할 거야 하고 세워놓으면 또 국민의 마음을 갈가리 찢어놓는다. 제비뽑기를 해서 대통령을 선출해도 지금보다는 나을 것이라는 자조 섞인 한탄이 나오는 것도 무리가 아니다. 차라리 힘이 약하고 아무 일도 못하는 사람을 대통령으로 뽑자는 사람들도 있다. 도처에 건재한 전문가 리더들에게 위임해놓으면 정말 좋은 나라가 되지 않겠느냐는 것이다. 뭘 좀 해보겠다고 나서던 대통령들치고 비리와 부정부패로 문제가 되지 않은 대통령이 없다. 부끄러운 일이다!

미국 대통령을 지낸 오바마라도 수입해와야 하는 것 아닐까? 그의 퇴임 시 지지율은 60%로 역대 대통령들 중 네 번째라고 한다(워싱턴포스트, ABC방송 발표. 2017. 1. 18). 무엇보다 그와 그의 친인척이 부정부패에 연루되어 조사를 받았다는 말이 들리지 않는 것만으로도 신선하다. 기자들과 스스럼없이 농담하고 백악관에서 유머 동영상을 찍는 모습이 부럽다. 우리 대통령에게 그런 것은 바라지도 않는다. 국민들의 말귀나 알아들을 정도라면 좋겠다. 하고 싶은 말만 하고, 어쩌다 질문을 받으면 동문서답으로 어리둥절하게 만드는 대통령을 보아온 국민으로서 갖는 그야말로 소박한 바람이다. 토론 같은 사치는 바라지도 않는다!

대통령 선출의 성공률을 높이지 않으면 대한민국의 미래는 없다. 정말로 큰 문제는 우리 국민들이 대통령의 실패에 너무 익숙해져 있다는 사실이다. 분노와 울분이 하늘을 찌르고 촛불집회의 열기가 나라를 덮었지만, 대통령들이 실패하고 또 실패해도 이를 냉철하게 분석하여 어떻게 바로잡을지를 고민하지 않고 광화문광장의 외침으로 만족한다면 우리의 비극은 끝나지 않을 것이다.

집회와 단식과 자해가 대통령 선출의 성공률을 높여주는 것이 아니다. 한 대통령을 탄핵했다고 해서 다음 대통령이 깨끗해지는 것도 아니다. 우리의 현실 정치는 똑똑한 인재마저 멍청하게 만든다. 일각에서는 헌법을 바꾸어 대통령 연임을 허용하고 대통령과 총리가 권력을 나누면 '망명-피살-하야-투옥-자살-탄핵'으로 점철된 '엠시시(emsisi : exile-murdered-stepdown-imprisoned-suicide-impeached)'의 역사(疫史)를 중단할 수 있다고 주장하지만, 이는 마치 치통에 소화제를 주는 것과 같다. 깊이 있는 분석도 없고 제대로 따져보지도 않은 채 엉뚱한 결론을 내리고 신념화해버리는 대표적인 한국병이다.

한국 대통령은 극한 직업?

총 맞을 확률 = 9.1%

$$\frac{1}{11}$$

1 ·········· 박정희

11 ·········· 대통령 11명

자기 자신이나 친족이 감옥에 갈 확률 = 63.64%

7 ·········· 전두환, 노태우, 김영삼, 김대중, 노무현, 이명박, 박근혜

11 ·········· 대통령 11명

대한민국의 대통령은 참으로 위험한 직업이다. 총 맞을 확률이 약 9.1%이고, 자기 자신이나 친족이 감옥에 갈 확률은 무려 64%에 가깝다. 5년의 임기에서 엠시시 없는 초기 3~4년을 감안한다 해도 너무도 큰 리스크다. 합리적 투자자라면 선뜻 모험을 걸기 힘든 투자회수율(ROI)을 보여준다. 여기에 국민의

역린을 잘못 건드려 광화문 네거리에서 자신의 초상화가 불태워지거나 짓밟히는 '수모비용(受侮費用 : humiliation cost)'까지 생각하면 대통령이 된다는 것은 확실히 손해 보는 투자다.

미국 대통령들의 경우 총 맞을 확률은 약 10% 정도 된다. 전체 45명 중에서 암살당한 대통령은 4명(존 에프 케네디John F. Kennedy, 윌리엄 맥킨리William McKinley, 제임스 가필드James A. Garfield, 에이브러햄 링컨Abraham Lincoln)이다. 살해 시도를 당한 대통령까지 합치면 확률이 조금 더 올라간다.

중요한 것은 미국 대통령들 중에 피살된 경우는 있었지만 대통령 본인이나 친족이 부정부패로 투옥된 예는 거의 없다는 사실이다. 우리나라 대통령들의 투옥 확률 64%를 무겁게 받아들여야 하는 이유다. 물론 대통령이나 측근들의 부정부패가 비단 우리나라만의 현상은 아니다. 정치권의 부패가 심하다고 알려진 브라질의 경우에도 37명의 대통령들 중에서 암살 의혹이 있는 대통령(주셀리노 쿠비체크Juscelino Kubitschek)이 있고, 자살한 대통령(제툴리우 바르가스Getúlio Vargas), 탄핵을 받은 대통령(지우마 호세프Dilma Rousseff)이 있다. 하지만 자신이나 가족이 부패로 투옥된 예는 많지 않다. 좌우의 충돌이 격렬한 베네수엘라에서도 50명의 대통령 가운데 대통령 자신이나 가족이 투옥된 비율은 우리보다 낮다. 우리나라의 대통령 숫자가 11명밖에 안 돼서 그렇다고 말할 수 있지만, 투옥된 대통령과 가족의 절대 숫자로 비교해도 결론은 크게 다르지 않다.

　한국 대통령과 가족의 투옥률 64%는 미국 의사들이 환자들로부터 고소당하는 비율과 비슷하다. 2015년 미국의 의학정보 사이트인 메드스케이프(www.medscape.com)에서 의사들을 대상으로 실시한 설문조사에 따르면, 59%의 응답자들이 하나 또는 그 이상의 소송을 달고 사는 것으로 나타났다. 하지만 그들의 소송은 실수나 태만이 원인인 반면, 한국에서 대통령과 가족의 투옥은 주로 계획적 부정부패인 '엘리트 카르텔(elite cartel)형 부패'에서 비롯된다. 대통령의 이름을 팔아서 공직 엘리트들을 끌어들이고 부패 카르텔을 형성하여 정부 예산을 '합법적으로' 특정인이 받을 수 있도록 기획, 조장한다. 그런가 하면 정부의 도움을 필요로 하는 기업주의 민원을 교묘하게 해결해주고 거액을 갈취하기도 한다. 이는 대표적인 후진국형 부패로 언론을 통해 국민들도 잘 알고 있다. 권력을 쥔 자들만 아무도 모를 거라고 착각하기 때문에 자신과 가족의 투옥 비율이 높아지는 것이다.

부패가 근절되지 않는 이유

　부패 카르텔은 왜 근절되지 않는 것일까? 사회문제의 원인은 대략 제도, 사람, 문화 등 3가지 요인으로 귀결된다. 제도의 잘못을 주장하는 사람들은 제왕적 대통령제 때문에 대통령 자신이나 그의 측근들이 카르텔을 형성하여 부정한 일을 꾸미기 쉬우므로 내각제나 책임총리제, 4년 중임제 개헌이 해법이라고 진단한다. 사람에 방점을 두는 사람들은 대통령의 자질 부족이 문제이지 제도에는 문제가 없다고 주장한다. 그런가 하면 문화를 문제의 원인으로 지목하는 사람들은 삼권분립하에서 입법부와 사법부가 대통령을 견제하면서 힘의 균형을 이루어야 하는데, 대통령을 왕처럼 떠받드는 복종적 문화 때문에 부패 카르텔의 전횡이 발생한다고 말한다. 그러나 문제의 근원은 역시 사람이다.

제도가 부패의 원인이라는 주장은 2가지 측면에서 설득력이 약하다. 대통령이 우리 못지않게 강력한 힘을 갖는 미국과 싱가포르, 프랑스 등에서는 부패 카르텔 문제가 우리처럼 심각하지 않다. 제도가 문제라면 이들 나라에서도 유사한 부패가 나타나야 하는데 그렇지 않다. 또한 제도가 잘못되었다고 말하는 사람들의 이면에는 모든 사회문제들을 자신의 정치적 이해관계에 따라 제도에 귀인(歸因)하려는 경향이 강하게 배어 있다. 제도 개정을 요구하는 한국의 정치인들도 대통령의 부패를 빌미로 자신의 정치적 이익을 충족시키려는 속성을 드러낸다. 예를 들어 4년 중임제를 시행하면 부패 카르텔을 방지할 수 있다는 주장은 명확한 근거가 없음에도 이것을 해법으로 밀어붙이는 행태는 정치적 이해관계에 기초한 것으로 읽힌다. 게다가 헌법에 다시 손을 대는 것은 수십 년간 쌓아온 대통령제의 경험 학습 내용을 송두리째 지워버리게 될 가능성이 크고, 대통령제가 국가와 국민을 위해 옳은 일을 강력하게 추진하고 위기에 제대로 대처하는 데 유리하다는 사실을 망각해서는 안 된다.

부패의 원인을 한국의 정치 문화에서 찾으려는 생각도 옳지 않다. 문화란 오랜 '함께 살기' 과정에서 자연 발생적으로 생겨나는 것으로, 작위적으로 바꾸려는 시도는 매우 위험하다. 그리고 함께 사는 사람들 간에 공유된 가치(shared value)인 문화는 사람이 바뀌지 않는 한 바꿀 수 없는 것이다. 문화를 '가정(assumption)-가치(value)-행동(behavior)'의 결과물로 정의할 때 한국인들이 마음속에 두고 있는 가정이 바뀌지 않으면 가치 또한 바뀌지 않으며, 가치가 안 바뀌면 행동 또한 바뀌지 않는다. 그러므로 정치 문화를 바꿔야 부패 카르텔을 해소할 수 있다는 주장은 곧 사람의 변화를 강조하는 것이나 다름없다.

따라서 사람, 즉 대통령이 제대로 바뀌어야 부패가 사라질 수 있다. 대통령이 되려는 사람은 '최고 리더'로서 확고한 정체성을 갖춰야 하며, 이를 위한 각고의 훈련과 고민의 과정을 거쳐야 한다. 유권자들에게 표를 달라고 하기 전에 대통령의 역할에 대해 자신이 고민한 결과를 공개할 의무도 있다. 관건은 대통령의 인식이기 때문이다. 대통령이 되어서는 자신의 강점과 약점을 정확히 알고 부족한 부분을 보완하려는 노력을 게을리하지 말아야 한다. 또한 자신의 판단과 행동이 옳은지에 대해 끊임없이 피드백을 받아가면서 조정하는 자세를 취해야 한다. 유권자들 역시 대통령의 권력이 강하다고 해서 필요한 권력을 빼앗는 교각살우(矯角殺牛)의 우를 범하지 않아야 한다. 무엇보다 막대한 권력을 효과적으로 사용할 줄 아는 리더십을 갖춘 후보가 대통령의 자리에 앉을 수 있게 만들어야 한다. 대통령을 잘 뽑아야 한다.

다음 대통령도 실패할 것이다?

제대로 된 대통령을 뽑기 위해 우리 유권자들이 또 하나 유념해야 할 것이 있다. 대통령의 사람들이다. 지금까지 일어난 문제들을 살펴보면 대통령 가까이에 있는 권력자들의 단세포적 사고가 원인인 경우가 많았다. 그들은 마치 목에 밧줄이 걸린 돼지처럼 행동했다. 돼지 목에 밧줄을 매고 큰 나무에 묶어두면 고래고래 소리를 지르다가 죽어간다. 돼지는 목에 뭔가 걸려 있으면 오직 뒤로 내빼려는 습성을 갖고 있다. 앞으로 갈 줄을 모른다. 힘을 다해 뒤로만 당기다 보니 목줄이 점점 조여지게 되고, 당황한 돼지는 더욱 힘껏 뒷걸음질을 친다. 숨이 완전히 막혀 죽을 때까지 목줄을 느슨하게 만들 줄을 모른다. 똑같은 방식으로 부패를 일삼다가 판박이처럼 감옥으로 모여드는 대통령 주변의 몰지각한 실세들, 그들이 돼지와 다를 것이 있을까?

역대 한국 대통령들의 '엠시시'를 놓고 볼 때 차기 대통령도 실패할 확률이 높다. 실패 무대의 주인공과 조연들만 다를 뿐, 비극을 되풀이할 가능성이 크다. 이를 막으려면 우리 유권자들이 정신을 똑바로 차려야 한다. 문제의 근본은 대통령과 그 주변에 있었지만, 알고 보면 그들에게 권력을 넘겨준 유권자들의 잘못이 컸다. 자질 없는 후보를 향해 열광하고 표를 몰아준 것이다. 2017년 3월 10일, 대한민국의 유권자들이 뽑은 대통령의 탄핵이 결정되었다. 사실은 그런 대통령을 뽑은 유권자들도 더불어 탄핵을 받은 것이나 다름없다.

정치인의 호구 노릇은 이제 그만!

동서고금을 막론하고 지도자가 싼 똥은 항상 국민이 치운다. 우리나라도 그랬다. 전쟁이 나면 국민이 목숨 바쳐 지켜냈고, 나라가 망한다고 해서 너도나도 금을 모았다. 부실한 금융기관의 손실을 세금으로 메워주고 경제 성장을 위해 밤낮없이 일했다. 좌로 가라면 좌로 갔고 우로 돌라면 우로 돌았다. 멈추라면 멈췄고 달리라면 달렸다. 그러다가 이제는 지쳤다. 뒤치다꺼리하는 일은 더 이상 안 하고 싶어졌다.

한여름에 양계장에서 일주일 묵은 닭똥을 치워본 적이 있다. 양동이 가득 썩은 닭똥을 담아 나오는데 악취 때문에 기절하는 줄 알았다. 대통령의 똥은 이보다 더하다. 썩은 냄새로 숨을 쉴 수가 없고, 해로움이 세상을 덮친다. 하지만 그를 누가 뽑았는가. 우리가 뽑은 것이다. 탄핵받아 마땅하다. 탄핵을 면하는 길은 대통령을 잘 뽑는 것뿐이다. 그래야 고통스러운 뒤치다꺼리에서 벗어나 국민 노릇 해먹기가 쉬워진다. 사고 치지 않는 대통령, 국민의 생명과 재산을 지켜주는 대통령, 믿고 의지할 수 있는 대통령을 뽑으면 된다. 그러면 우리 고유의 신바람을 낼 수 있을 것이다.

"내가 뽑은 대통령, 되고 나니 딴사람"

대통령들의 역겨운 부패 행태에 찌든 베네수엘라의 한 국민의 입에서 나온 말이다. 한국도 다르지 않다. 후보 시절에는 국민의 종복이 될 것처럼 굴다가 대통령이 되고 나면 군주처럼 행동한다. 그러니 유권자도 할 말이 있다. "박근혜는 대선 때 내가 찍었지만 내가 뽑은 대통령이 아니다", "누가 그럴 줄 알았나"라며 항변한다. 하지만 이미 벌어진 일이다.

유권자가 또다시 탄핵당하지 않으려면 후보들보다 더 스마트해지는 수밖에 없다. 후보들의 속임수를 꿰뚫고 진실을 읽어내는 역량을 키워야 한다. 유권자들의 선택을 돕기 위해 후보들에 관련된 정확한 정보를 제공하는 미국의 한 단체(http://votersedge.org)가 정리한, 후보들이 자주 쓰는 속임수 몇 가지를 소개한다.

1. 경쟁 후보의 약점 공격 : 자신을 상대적으로 좋아보이게 만들지만 대통령직 수행과는 아무런 관련이 없다.

2. 경쟁 후보에 관한 나쁜 소문 악용 : 예컨대 "김 후보가 국회 상임위원장 시절 관련 부처에 압력을 넣어 특정인의 이권을 챙겨줬다는 소문이 있는데, 사실이 아니길 바란다"는 식으로 공격하는 것은 대통령 후보의 검증과는 무관하다.

3. 감성을 자극하는 슬로건 : 후보의 정책이나 가치와 무관하게 유권자들의 감성을 자극하는 슬로건에 현혹되지 말아야 한다.

4. 책임 회피·전가 행위 : 후보 자신에게 책임이 있는 일을 회피한다거나 누구라도 어쩔 수 없었던 사건에 대해 경쟁 후보에게 책임을 전가하는 행위를 경계해야 한다.

5. 헛된 공약 : 실현할 수 없는 비현실적 공약에 신뢰를 보내서는 안 된다.

6. 중요 이슈에 대한 답변 회피 : 후보가 중요 이슈에 대한 즉답을 피하거나 애매하게 넘어가는 모습은 뭔가 숨기는 것이 있다는 증거이므로 이를 간파해야 한다.

사회과학을 공부하는 학자들의 관심은 2가지다. 하나는 사회현상을 잘 '설명'하는 것이고 다른 하나는 미래에 어떻게 될지를 '예측'하는 것이다. 선거 후에 왜 그 후보가 당선되었는지를 분석하는 것이 설명이라면, 어떤 후보가 당선될지를 밝히는 것은 예측이라고 할 수 있다. 국민들이 대통령을 잘 뽑으려는 노력은 예측에 해당한다. 이때 국민들이 던지는 질문은 간단명료하다.

'뭘 보고 대통령을 뽑아야 유권자 탄핵을 면할까?'

유권자인 우리가 탄핵을 면하기 위해 반면교사로 삼아야 할 역사의 예가 있다. 2차 세계대전을 일으킨 독일의 독재자 아돌프 히틀러(Adolf Hitler)다. 이 무시무시한 살인마도 독일인들이 투표로 직접 뽑은 지도자였다는 사실을 잊지 말아야 한다. 유권자의 이름으로 독재자에게 대량학살의 살인 면허를 쥐어주는 어처구니없는 실책을 범할 수도 있다는 것을 뼈저리게 인식해야 한다.

그런데 위에서 언급했듯이 후보들은 유권자를 속이려 한다. 표를 얻을 수 있다면 무엇이든 한다. 못할 말이 없고 꺼릴 행동이 없다. 실현 불가능한 공약을 남발하고 더러운 게임도 서슴지 않는다. 대통령이 되어서는 후보 시절 내걸었던 공약의 80% 이상을 이행하지 않는다. 747 공약(매년 7%경제 성장, 4만 달러 국민소득, 세계 7위 경제 대국)이나 내각제 개헌, 일자리 창출

250만 개 등 지키지 않은 공약들이 넘쳐난다. 역대 대통령들의 공약 이행률을 계산한 통계에 따르면, 김대중 정부 18.2%, 노무현 정부 약 8%, 그리고 이명박 정부는 27.4%였다. 못 지킬 공약들을 마구 뿌렸다는 얘기다. 후보들은 바람 든 복어의 배처럼 자신을 부풀리고 위장하기에 여념이 없다. 그들은 국민들을 속이려 하고, 국민들은 속지 않으려고 한다. 대통령 선출이 마치 '복어배 게임'과도 같다.

실패하는 대통령을 만드는 3가지 요인

여기서 우리가 던져야 할 질문이 있다. 도대체 왜 한국의 유권자들은 실패하는 대통령을 뽑는가? 유권자들의 연이은 예측 실패는 어디에 기인하는가? 크게 3가지 이유를 들 수 있을 것이다. 후보와의 연고나 이념, 또는 이미지를 보고 투표하는 유권자들의 '편견 투표', 정당의 파벌이 후보들의 등단 경로를 장악함으로써 유권자들의 선택지를 제한하는 '후보 제약', 그리고 대통령 후보를 키우는 우리 사회의 '리더 육성 기반의 취약성' 등이다.

유권자들의 '편견 투표'는 어떻게 보면 민주주의 그 자체라고 할 수 있다. 유권자는 자신의 이념과 생각, 즉 편견에 따라 투표할 권리를 갖는다. 보수와 진보, 영남과 호남 등도 모두 편견에 해당한다. 하지만 편견에도 좋은 편견과 나쁜 편견이 있다. 국가 경영에 관련된 후보의 '능력과 가치' 이외의 모든 선택 기준은 나쁜 편견에 해당한다. 아울러 유권자가 아무런 분석 없이 막연히 이미지에 기초하여 투표하는 것은 '매우 나쁜' 편견에 해당한다. 물론 유권자들도 할 말은 있다. 투표하기 전에 나름대로 생각도 하고 고민도 하지만, 후보의 어떤 능력과 가치가 대통령직에 중요한지를 잘 모르겠다고 항변할 수 있다. 일리 있는 말이다(그런 유권자들을 위해 리더십 전공학자의 입장에서 대통령에게 필요한 역량 4가지를 제시하고, 투표할 때 각 후보를 평가, 분석해볼 수 있는 구체적 설문을 제시했다.).

'후보 제약'도 유권자들의 선택을 실패하게 만드는 원인이다. 지금까지 유권자들은 대통령 후보가 등장하는 과정에 참여할 수 있는 여지가 적었다. 그러다 보니 각 정당이 내세우는 후보들 중에서 선택할 수밖에 없었다. 문제는 정당의 후보들이 대통령직 수행에 필요한 능력과 가치가 출중하여 등단한 경우가 아닐 수도 있다는 점이다. 정당의 파벌 간 역학관계에 따라 대통령의 자질과 거리가 먼 후보들이 유권자들에게 던져졌기 때문에 결국 대선이 못난 사람들 중에서 누가 덜 못났는가를 가르는 게임이 되기도 했던 것이다. 이를 단지 정당제도 탓만으로 돌릴 수도 없다. 오히려 유권자들의 잘못이 크다. 그동안 유권자들은 익숙한 사람, 언론에 대통령 후보로 자주 언급되는 사람을 가만히 앉아서 수동적으로 받아들이는 차원에 머물러 있었다. 그래서는 안 된다. 대통령 후보를 만드는 과정에 적극 참여해야 한다. 후보군이 좋아야 좋은 대통령을 뽑을 수 있기 때문이다. 오늘날 IT의 발달로 우리는 직접민주주의를 구현할 수 있는 유리한 여건을 갖추고 있다. 온라인에서 대통령 후보감에 대한 논의가 활발하게 일어나야 한다. 누구나 참여할 수 있다. 각 후보에 대한 검증도 온라인에서 가능하다. 우리 사회 도처에 숨어 있는 대통령 후보감들을 추천하여 공론화 과정을 거치면 된다. 단, 평가 기준은 엄정해야 한다. 대통령으로서의 능력과 가치를 보고 평가해야 한다.

대통령 예측 실패의 마지막 원인은 '리더 육성 기반의 취약성'이다. 그동안 대통령이 되겠다는 사람들이 리더로서의 기본적인 훈련조차 받지 못하여 국민의 상식에 미치지 못하는 경우가 많았다. 경험을 통한 훈련이 가장 좋은 선생이라고 하는데, 대통령직에 도움이 되는 경험이 부족한 후보들이 주를 이루었다. 설사 얼마간 경험을 했다고 해도 성찰과 학습 사항의 개념화, 그리고 개념의 검증을 소홀히 하여 경험이 오히려 덫으로 작용한 후보가 대부분이었다. 국회의원, 시장, 도지사, 기업의 CEO, 총리를 '지냈다'가 중요한 것이 아니라, 그 경험을 통해 무엇을 성찰하고, 성찰의 결과 어떤 개념과 사고의 틀을 갖게 되었으며, 그 사고의 틀이 옳다는 것을 어떻게 검증해봤는가가 중요한 것이다. 민주화 투쟁의 경험을 가진 후보는 세상을 민주와 반민주의 구도로 바라보기 쉽다. 바람직하기는 그러한 경험에 대한 성찰을 통해 미래 한국에 필요한 '민주적 가치'를 제시하는 것이다. CEO 출신의 후보는 국정을 단기적으로 성과를 내야 하는 사업으로 보기 십상이다. 성찰에 강하다면 장기적으로 국가와 국민을 이롭게 하는 건강한 국가 시스템의 구축이 대통령의 진정한 역할이라는 것을 간파했을 것이다. 노동운동을 했던 후보는 세상을 평등과 분배의 렌즈로 이해한다. 성찰하는 후보라면 더 큰 분배를 가능하게 하는 더 큰 성장을 말할 것이다.

리더를 육성하기 위해서는 후보들에게 더 많은 성찰의 기회를 제공해야 한다. 미국에서는 전직 대통령들이 리더십센터를 만들어 대통령 리더십을 학습할 기회를 제공한다. 공화당의 부시 부자와 민주당의 빌 클린턴 등 전직 대통령들의 리더십센터는 당을 초월하여 함께 '대통령 리더십스칼라(www.presidential-leadershipscholars.org)'라는 조직을 만들어 국가의 리더 육성에 기여하고 있다. 경험을 나누고 성찰할 수 있는 다양한 기회를 제공하는 것이다. 또한 초등학교 4학년부터 리더십 과목을 필수로 가르치고, 대학은 사회 각처에 필요한 리더들을 육성하는 센터를 운영한다. 가까운 이웃 중국에서는 최고 리더가 되려면 젊은 시절부터 우리와는 비교가 되지 않을 정도의 끊임없는 학습과 경쟁, 그리고 다양한 경험을 통해 리더십을 연마한다. 리더는 그렇게 육성되어야 한다. 리더십 훈련이라곤 받아본 적이 없고 코칭 한 번 접해보지 않은 후보는 정체성이 모호할뿐더러 성찰의 효과를 알기 어렵다. 이런 후보가 대통령에 뽑히면 자신을 대통령의 운명을 타고난 '천자(天子)'로 착각하게 된다. 한국 대통령들의 '엠시시'를 통해서 확인했듯이 대통령의 착각은 국민들을 힘들고 수치스럽게 한다.

스마트한 유권자가 되는 방법은 스스로에게 엄격하여 편견 투표를 하지 않는 것, 그리고 후보들을 과학적으로 진단하여 능력과 가치가 출중한 후보에게 투표하는 것이다. 막연히 인상이나 이미지, 정서에 이끌려 투표할 일이 아니다. 후보를 정확히 알고 표를 던져야 한다. 자칫하면 유권자, 당신이 또다시 탄핵당할 수 있다.

75%, 놀라운 CEO 실패율을 줄이려면

지인 중 한 사람이 경험한 한 중견기업의 CEO 선발 이야기
다. 스펙도 좋고 능력도 괜찮은 듯해서 뽑았는데 사고를 쳤다.
화를 못 이기고 보온병을 집어던져 영업팀장의 이마를 아작냈
다. 그를 내보내고 조금 얌전한 CEO를 데려다놨더니 이번엔
친절한 여비서가 자기를 좋아하는 줄로 착각하고 정신줄을 놓
았다가 성희롱으로 고소를 당했다. 이번에는 나이 70의 노인을
CEO로 모셨다. 과거에 NGO 활동도 많이 하고 청렴하다는 평
이 하늘을 찌르는 분이라 삼고초려해서 모셔왔다. 그런데 일을
안 한다. 거룩하게 큰 책상만 차지하고 앉아 옛날 자랑만 하고
무서워서 도장을 못 찍는다. 결제가 안 되니 일도 진척이 안 되

고 임원들은 말귀를 못 알아듣는다고 짜증을 낸다. 몇 번의 실패를 통해 대오각성하고 하버드대 출신의 엘리트를 선발했다. 출근 첫날 직원들이 CEO가 멋지다며 좋아했다. 글로벌한 느낌의 훤칠한 외모와 '반영반한(半英半韓)'의 말투가 기대를 품게 했다. 6개월이 지났다. 직원들이 반란 일보 직전이다. 도대체 CEO란 사람을 만날 수가 없어서다. 느지감치 출근했다가 점심을 먹고는 안개처럼 사라졌다. 이유를 알 수 없는 해외 출장도 잦았다. 그래도 어쩌다, 정말 어쩌다 임원들을 모아놓고 일장연설을 할 때는 그야말로 감동의 물결이다. 찰진 목소리에 정연한 논리, 적재적소에 무릎을 치게 하는 예를 들어가며 설파한다. 마치 꿈속에서 비단길을 걷는 듯하다. 그런데 임원들 이름도 아직 외우지 못하고 공장에도 한 번 내려가 보지 않았다. 노조 간부들 모아놓고 얼굴을 보여달라고 애원해도 밥만 먹고는 자리를 떴다.

위의 예에서처럼 기업의 CEO도 제대로 뽑기가 쉽지 않다. 과거 20년간 미국 포춘 500대 기업 CEO들을 조사한 결과에 따르면(www.psychologytoday.com, 2010. 7. 10), 실패한 CEO의 비율이 무려 75%에 이르며, 3년 이내에 퇴출된 CEO가 30%에 달한다고 한다. 전 세계적으로도 CEO들의 평균 재임기간이 9.5년에서 7.6년으로 줄어들었고, 임명된 지 18개월 안에 쫓겨

나는 CEO도 5명 중 2명에 이르는 것으로 밝혀졌다. 또한 신임 CEO들 중에서 무려 82%가 부하직원이나 임원들과 좋은 관계를 맺지 못해 실패하는 것으로 나타났다.

이뿐만이 아니다. 다른 조사 연구에 따르면(〈텔레그래프〉 2016. 9. 13), CEO들 중에서 5명 중 1명(약 21%)이 정신질환자(psychopath)라고 한다. 교도소에 갇혀 있는 재소자들도 5명 중 1명이 정신병자라고 하는데, 같은 비율이다. 일반인들의 정신병자 비율은 약 1%이므로 CEO들의 정신질환 정도가 얼마나 심각한 수준인지를 알 수 있다. CEO들이 겪는 대표적인 정신질환은 '반사회적 인격장애(antisocial personality disorder)'다. 다른 사람의 권리를 아무런 거리낌도 없이 침해하고, 타인의 정신적 압박(distress)에 대해 관심을 보일 줄 모르며, 분노도 통제할 줄 모르고, 법을 어겨도 죄의식을 못 느끼는 등의 증상을 보인다. CEO를 뽑을 때 과거의 성과만 중시할 것이 아니라 정신적 결함이 있는지도 검증해야 한다는 것을 말해준다.

또 다른 통계를 보자. 2014년 하반기에 코스닥 상장사 40곳에 임명된 CEO들의 성과를 살펴본 결과에 따르면(〈아시아경제〉 2016. 5. 20), 대표직에 남아 있는 사람이 25명으로 62.5%, 흑자 전환에 성공한 경우는 5명, 12.5%에 불과했다. 왜 CEO가 교체되었는지, 회사의 성과 중 CEO의 힘으로 어쩔 수 없는 상황 요인이 있지 않았는지 등에 대해서는 알려지지 않았지만, 분명한 것은 CEO들의 성공 확률이 별로 높지 않았다는 점이다. 이 뿐만이 아니다. 우리나라 30대 그룹의 계열사 CEO들의 평균 재임기간은 2.5년에 불과하다(〈TheCEOScoreDaily〉 2016. 11. 9). 1년 미만인 경우도 17.7%나 된다. 이렇게 재임기간이 짧은 원인은 월급쟁이 마인드에 익숙하여 사업을 성장시키는 데 필요한 전략적 판단력이 미흡했거나, 조직 관리를 잘못하여 구성원들을 제대로 이끌지 못했거나, 소유주와의 관계 설정이 원활하지 못했기 때문일 것이다. 주어진 상황을 돌파할 수 있는 역량을 갖춘 CEO 선발이 얼마나 어려운지를 말해주는 통계다.

물론 모든 실패의 원인을 CEO의 잘못으로 돌릴 수만은 없다. 하지만 우리나라뿐만 아니라 다른 나라에서도 CEO의 실패가 큰 이슈인 것을 보면 선발 실패의 가능성이 가장 높다고 볼 수 있다. CEO 선발에서도 과학적 접근이 필요한 이유다. 현재의 상황 해결에 필요한 단편적 특징만을 보고 뽑아서는 안 된다.

주주를 해고하라!

CEO의 실패 확률이 높은 것은 주주들과 그들을 대리하는 이사회의 책임이기도 하다. CEO의 3분의 2가 실패하는 상황에서 선발의 책임이 있는 주주가 일반 직원이었다면 수도 없이 해고되었을 것이다. 자본주의가 소유자의 권리를 보장한다고 해서 주주가 자기 판단에만 의존하여 CEO를 선발해서는 안 된다. 치밀한 분석과 과학적 방법을 사용하지 않고 지금처럼 단편적 지식이나 정보에 입각하여 선발한다면 그런 주주는 해고되어 마땅하다! 이사회도 마찬가지다.

대기업들을 보면 과거의 성과나 대주주와의 관계 위주로 CEO를 선임하는 경우가 많다. 중소기업의 경우에는 소유주의 직관적 선호가 크게 작용한다. 하지만 이렇게 주먹구구식으로 CEO를 뽑으면 십중팔구 실패한다. 옛날 어느 대기업의 소유주는 관상을 보고 사람을 뽑았다고 한다. 숨길 것이 많고 떳떳하지 못한 소유주가 후보의 능력보다 '배신 가능성'에 더 무게를 두었던 것이다. 이는 분식회계나 정치권과의 은밀한 거래가 횡행하던 과거에나 있을 법한 일이다. 오늘날과 같이 투명성이 강조되고 수많은 주주가 눈에 불을 켜고 지켜보고 있는 상황에서는 그런 비과학적인 방법을 사용할 수도 없고, 사용해서도 안 된다.

요즘에는 빅데이터를 활용하여 후보를 선발하기도 한다. 기업주 한 사람이나 이사회 구성원 소수의 감각이나 주관적 판단에 의존하는 것은 리스크가 너무 크다는 판단 때문이다. CEO 후보들을 객관적으로 검증하는 시스템을 갖추어 기업주와 '친한' 후보나 '코드가 맞는' 후보가 아니라 다양한 각도에서 능력이 출중한 후보를 찾아야 한다. CEO의 직책은 다양한 역량을 필요로 한다. 후보들을 다양한 측면에서 과학적으로 검증하여 선발해야 성공률을 높이고 실패율을 줄일 수 있다.

CEO를 평가하는 5가지 기준

미국의 포춘 500대 기업에 속하는 애로일렉트로닉스(Arrow Electronics)는 CEO를 평가하는 기준을 5가지로 정해놓고 이사회에서 이를 체계적으로 활용한다(《Harvard Business Review》 2008. 10).

1. 리더십 : 회사의 미션과 가치를 강화하고 조직에 생기와 에너지를 불어넣는 기술을 발휘하고 있는가?
2. 전략 : 추진하는 전략이 제대로 작동하고 있는가? 여러 경영 요소들이 같은 방향으로 정렬되어 있는가?
3. 사람 관리 : 적재적소에 인재들이 배치되어 있는가? 승계 프로세스는 목표를 달성할 수 있도록 잘 설계되어 있는가?
4. 운영 성과 : 매출, 이익, 생산성, 자산 운용, 품질, 고객만 족 등의 지표들이 바람직한 방향으로 발전하고 있는가?

5. 외부 이해관계자들과의 관계 : 고객, 공급사, 주주와 호의
   적 관계를 유지하고 있는가?

이들 기준은 CEO 후보를 선발하는 데서도 그대로 적용할
수 있다. 이사회는 각 후보가 위의 5가지 기준에 비추어 어떤
수준인지를 평가한다. 이 과정에서 과거의 경력, 면담, 추천 등
다양한 자료원으로부터 증거를 찾아 활용한다. 대주주나 소유
주의 선호도, 친소관계, 학력, 출신 국가나 지역, 성별 등은 전
혀 고려하지 않는다.

2014년 10월 구글의 래리 페이지(Larry Page)는 선다 피차이
(Sundar Pichai)를 새 CEO로 임명했다. 피차이는 인도 출신으로
2004년에 경력직으로 구글에 입사한 사람이다. 불과 10여 년
만에 CEO로 발탁된 것이다. 인도에서 대학을 나온 그는 미국
스탠포드대와 와튼스쿨에서 석사학위를 받았고, 매킨지에서
컨설턴트로 근무한 적도 있다. 구글에 들어와서는 크롬웹브라
우저 등 여러 사업부를 거치면서 탁월한 능력을 보여주었다. 하
지만 그를 CEO로 뽑은 이유는 성과만이 아니었다. 성과가 하
나의 요소이긴 했지만, 그보다 더 중요하게 '팀을 구축하는 능
력', '조직 정치를 뚫고 나가는 지혜', '파트너 회사들과의 협상
능력', '외부의 객관적 인정' 등을 평가했다. 그가 마이크로소프
트와 트위터로부터 CEO직을 제안받고 있는 상황도 고려되었

다. 피차이는 2017년 현재까지 성공적으로 CEO 역할을 수행하고 있다고 알려져 있다. 이처럼 복합적 요인들을 오랫동안 면밀히 검토하여 과학적으로 CEO를 선발해야 실패의 가능성을 줄일 수 있다.

미국 서던캘리포니아대 경영전문대학원의 모건 맥콜(Morgan McCall, Jr.) 교수는 CEO가 되기 전에 꼭 해봐야 하는 경험들을 15가지로 정리하여 제시한다. 생소한 직무를 수행해본 경험이 있어야 하고, 스트레스 상황에서 성공적으로 직무를 수행한 경험도 필요하다. 급격한 환경 변화에 대한 대응과 오래된 난제 해결, 구조조정, 골치 아픈 조직원 관리 경험도 해봐야 한다. 조직의 성패가 걸린 중책을 수행한 경험도 필요하고, 다양성 관리, 과중한 업무 수행, 외부 압력에 대한 대처 등도 필요한 경험이다. 또한 권한이 없는 상황에서도 상사나 동료들을 이끌어봐야 하며, 문제 사업부를 턴어라운드시킨 경험, 최고경영자나 동료의 지원이 없는 상황에서 프로젝트를 성공시킨 경험, 그리고 나쁜 보스 밑에서 살아난 경험이 필요하다. 이와 같은 요소들도 CEO 후보를 평가하는 데 좋은 길잡이가 될 수 있을 것이다.

가장 중요한 것은 종합적 기준을 가지고 과학적으로 선발하는 것이다. 주주가 CEO를 과학적이고 객관적으로 뽑지 않으면 주주가 해고당한다는 사실을 명심해야 한다.

대통령 후보, 어떻게 검증할 것인가

대선 때마다 대통령 리더십이 언론매체의 단골 메뉴로 등장한다. 대통령들의 말년이 하나같이 피폐했으니 이번만큼은 제대로 된 대통령을 뽑아보겠다는 국민적 결기의 투영이기도 하다. 그런데도 실패하고 또 실패했다.

2017년 3월 10일 11시 21분, 박근혜 대통령에 대한 탄핵이 결정되자 KBS는 주말에 대통령 리더십 특집을 방영했다. 하지만 해법은 백화점식 나열이다. 장님 코끼리 만지듯 단편적이고, 토론자의 편견을 벗어나지 못했다. 인성을 갖춰야 한다, 공익성을 가져야 한다, 메니페스토운동으로 견제해야 한다, 후보의 긍정적 언어 사용 빈도를 봐야 한다, 사랑해야 한다, 협치해야

누구를 리더로 세울 것인가

한다, 빈부격차부터 해결해야 한다, 반대 목소리를 들어야 한다, 드러내는 리더십이 필요하다, 국민의 말에 귀 기울여야 한다, 사회적 상처를 치유해야 한다, 기자 브리핑과 여야영수회담 등을 정례화하고 제도적으로 소통하도록 해야 한다, 견제 시스템이 필요하다…. 새로운 리더십에 대한 이러한 주문들은 과거의 대선 때도 다르지 않았다. 하지만 아무것도 바뀌지 않았다. 대선이 끝나면 화려했던 공약은 휴지가 되고 바쁜 일정의 노예로 전락한다. 뭔가 좀 해보려면 곧바로 야당의 반대에 부딪히고 갈등의 골만 깊어진다. 대통령은 무슨 수를 써서라도 밀고 나가라고 압박한다. 어디에서 냄새를 맡았는지 썩은 생선 냄새 맡고 몰려드는 똥파리 같은 '측근'들이 문고리를 장악하고 부패 카르텔을 형성한다. 그리고 머지않아 부패가 밝혀지고 대통령은 몰락의 길을 걷는다.

국가 리더의 자질에 대한 고민의 역사는 유구하다. 고대 그리스의 철학자 플라톤은《국가론》에서 그것을 성실, 용기, 도덕적 청렴, 강인함, 지적 열정, 학습 능력, 기억력, 결단력, 힘든 일에의 도전 등 9가지로 지목했다. 특히 그는 이런 역량을 가진 사람을 뽑아서 바로 쓰는 것이 아니라 오랜 교육과 훈련 과정을 거치도록 해야 정의를 구현할 리더가 될 수 있다고 주장했다.

리더십을 연구하는 학자들은 리더가 갖춰야 하는 개인적 자질로 리더십을 바라보는 것을 '특성론(trait theory)'이라고 부른다. 그간의 연구 결과에 따르면, 리더가 갖춰야 하는 특성으로 신체적 특성, 지적 능력, 성격, 성향, 일에 대한 태도, 리더십 동기 등을 제시한다. 이 외에도 지난 100여 년간 정말로 다양한 리더십 이론과 연구 결과들이 발표되었다. 이들을 바탕으로 대통령 후보들의 리더십을 평가하는 것은 충분히 의미 있는 접근이다. 언론에서 다루는 대통령 리더십에 대한 주장들도 이와 같은 연구 결과의 틀 속에서 체계적으로 해석될 수 있다.

대통령에게 꼭 필요한 4대 역량

리더로서의 대통령에게 필요한 역량을 제시하기 위해 2014년 미국의 리더십 전문 학술지 〈리더십쿼털리(Leadership Quarterly)〉에 실린 논문들에서 제시한 64편의 대표적 리더십 이론과 한국에서 발표된 이슈 리더십과 한국형 리더십 이론 등 총 66편을 분석했다. 목표는 21세기 초 대한민국이 처한 상황을 돌파하는 데 필요한 대통령의 리더십 역량을 도출해내는 것이었다. 인류 보편의 리더십 역량이 요구되는 대통령직에 대한 기대 역할, 21세기 초라는 시간적 제약, 그리고 한국이라는 공간적 특성에 걸맞은 리더십 역량을 뽑아내는 것이었다. 이를 위해 리더십을 전공한 박사 22명을 패널로 활용했다. 패널들은 대학교수, 기업체 간부, 리더십 강사, 컨설턴트, 리더십코칭 전문가 등이며, 리더십 이론들에 정통한 전문가들이다.

패널들은 다양한 의견을 제시했다. 이들의 의견을 취합하고, 정리하고, 추가 의견을 개진하고, 조율한 끝에 최종적으로 4가지 역량이 도출되었다. 바로 민주적 가치, 실용지능, 포용 욕구, 그리고 생산적 에너지 등이다. 이러한 대통령의 4대 역량은 다음과 같은 특징이 있다.

첫째, 어느 한 가지 역량으로 현상을 설명하지 않고 네 측면에서 필요 역량을 제시하고 있다.

둘째, 가치, 욕구, 능력, 행동 등을 포괄하고 있다.

셋째, 각 역량은 이론적 배경을 갖고 있다.

오늘날 대한민국 대통령에게 절실한 역량과 역할은 자명하다. 대통령직이 갖는 기본적 소임인 민주적 가치 수호의 의무를 이행하고(민주 가치 수호자), 국가적 문제 해결과 국민의 행복 극대화에 필요한 효과적이고 창의적인 책략을 찾아 구현하며(실용적 혁신가), 사회의 갈등과 편견과 격차를 극복하고 조화를 이루는 포용 욕구를 갖춰야 한다(포용적 균형추). 그리고 국민의 대변자로서 건강하고 밝은 긍정적 에너지가 온 사회에 차고 넘치도록 동기부여하는 역량도 발휘해야 한다(생산적 동력원). 이와 같은 4가지 역량은 〈그림 1〉에서처럼 '다이아몬드 모델'로 명

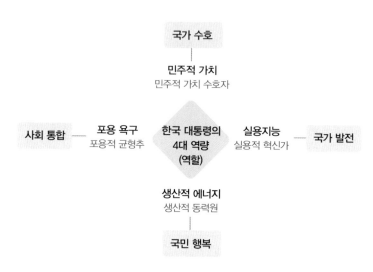

| 그림 1 | 대통령의 4대 역량 : 다이아몬드 모델

명할 수 있다.

　대통령은 민주적 가치, 실용지능, 포용 욕구, 그리고 생산적 에너지 등의 역량을 갖춰야 한다. 대통령으로서 국가를 수호하고 발전시키며, 사회적 통합을 이루고 국민들에게 행복을 가져다주는 데 꼭 필요한 역량들이다. 이러한 역량을 제대로 발휘할 때 대통령은 민주 가치 수호자, 실용적 혁신가, 포용적 균형추, 생산적 동력원의 역할을 효과적으로 수행할 수 있다.

누구를 리더로 세울 것인가

리더십은 다면적이다

위에서 제시한 대통령의 4가지 역량은 '다면적 리더십 이론(full-range leadership)'이나 '리더십은 다면적이다'라는 리더십의 대(大)전제와도 일치한다. 대통령에게 부과된 임무와 책임의 크기를 고려할 때 단편적 역량으로는 리더십을 제대로 발휘할 수 없다. 리더십을 내면의 가치나 욕구로만 해석하는 것에도 한계가 있다. 리더로서 대통령의 가치와 욕구를 바탕으로 역량을 발휘하되, 리더십 엔진이 동력을 잃지 않도록 끊임없이 에너지를 공급해나가야 한다. 따라서 가치, 욕구, 능력, 그리고 행동 에너지를 포함하는 다면적 역량 모델이 현실적으로 적합하다고 볼 수 있다.

또한 각각의 4가지 역량은 리더십 이론과 밀접한 관련을 갖는다. 민주적 가치는 리더십의 정체성 이론을 비롯한 가치중심 이론, 윤리적 리더십 이론, 전략적 리더십 이론, 공공 리더십 이론, 변혁적 리더십 이론 등으로 설명할 수 있으며, 실용지능은 실용적 리더십 이론을 기반으로 이슈 리더십 이론이나 변혁적 리더십 이론에서 제시하는 역량과도 관련을 맺고 있다. 포용 욕구는 공유 리더십 이론의 기초를 이루며, 공공 리더십, 관계중심 리더십, 임파워링 리더십, 이슈 리더십 등의 이론으로도 설명할 수 있고, 생산적 에너지는 윤리적 리더십을 필두로 후원적 리더십, 영감적 리더십, 복잡계 리더십, 한국형 리더십 등의 이론과 관련된다고 볼 수 있다.

이어서 대통령의 4대 리더십 역량에 대해 좀 더 자세히 살펴보자.

찍히면 죽는다?

대통령이 갖춰야 할 역량 1 : 민주적 가치

검찰은 최씨가 실소유주인 모스코스가 작년 2월 포스코 산하 광고사인 포레카의 지분을 강탈하려 했을 때도 박 대통령이 영향력을 행사했다고 밝혔다. 박 대통령이 당시 "포레카가 대기업에 넘어가지 않도록 포스코 회장 등을 통해 매각 절차를 살펴보라"고 지시하자 안 전 수석이 포스코 회장에게 "모스코스가 포레카를 인수하도록 협조해달라"고 했다는 것이다. '최순실 요구→ 대통령 지시→ 기업 후원'이란 행태가 반복적으로 확인되었다는 게 검찰의 수사 결과다(《조선일보》 2016. 11. 21).

대통령이 멀쩡한 회사를 강탈하는 데 간여한다는 것은 민주주의와 자본주의를 표방하는 국가에서 결코 용납될 수 없는 행위다. 이는 조폭의 행태요, 민주적 가치에 대한 핵폭탄급 도전이다.

특정 직위를 맡은 리더가 제일 먼저 해야 하는 일은 직위가 요구하는 '리더십 정체성(leadership identity)'을 마음속에 확고히 새기고 지키는 것이다. 초등학교 교장선생님이건 회사의 CEO건 한 나라의 대통령이건 특정한 직책을 맡은 리더는 그 직에 따르는 가치를 지키고 발전시키는 것이 가장 기본적인 의무다. 대한민국은 민주주의와 자본주의에 기초하므로 대통령은 그 가치를 지키고 보호하는 데 모든 노력을 기울여야 한다. 대통령이 대통령으로서 리더십 정체성을 확립해야 한다는 말이다.

대한민국 국민은 피곤하다

민주적 가치는 대통령이 갖춰야 하는 역량 중에서 너무나 기본적인 역량이지만 돌이켜 생각해보면 대한민국 대통령들 중에서 자유민주주의와 자본주의 원리를 충실히 따르지 않은 경우가 많았다. 예컨대 선거를 도운 보답으로 장관이나 고위 공무원 자리에 특정인을 임명하는 것, 마음에 안 든다고 해서 별혐의도 없는데 특정 기업을 세무조사로 압박하는 행위, 어떤 일을 추진할 때 전문가들의 의견을 무시하고 대통령 자신이 선호하는 것을 억지로 선택케 하여 국민을 피곤하게 하고 국가에 손해를 끼치는 것 등이다. 대통령이 민간 기업의 회장을 물러나게 한다든가, 어떤 사업을 못하게 은밀한 방법으로 방해하는 등의 행위는 보다 직접적으로 민주적 가치와 자본주의 원리를 훼손하는 권력 남용이다. 다음과 같은 과거의 사례도 민주적 가치 훼손이 얼마나 심각했는지를 보여준다.

1985년 국제그룹(회장 양정모, 당시 재계 7위)이 전두환 정권에 의해 해체되었다. 표면적으로는 주거래 은행인 제일은행이 국제그룹 해체를 주도한 것처럼 되어 있으나, 실제로는 공권력의 힘이 작용한 결과였다. 당시 '찍히면 죽는다'는 말이 유행할 정도로 정권에 밉보이면 어느 기업도 살아남을 수 없다는 인식이 팽배했다. 1993년 7월, 전두환 정권이 국제그룹을 해체한 것은 '권력적 사실 행위'로 기업 활동의 자유를 침해했으므로 위헌이라는 판결이 내려졌다(1993. 7. 29. 89헌마31).

그때는 군사정권 시절이었기 때문이라고 말할 수도 있지만, 이후의 대통령들도 민주적 가치에 100% 충실했다고 말할 수 없다. 국민들에게 제공하는 기회를 확대하려 하기보다 자기편을 우선시하고 소수 의견을 존중하기보다 무시하거나 탄압하는 모습을 보였다. 일반 국민들에게 알려지지 않은 민주적 가치 훼손은 또 얼마나 많았을까?

성공하는 대통령의 역할

그렇다면 민주주의 원리란 무엇일가? 그것은 다음의 13가지로 요약할 수 있다.

① 국민참여, ② 평등, ③ 정치적 관용, ④ 공직자의 국민에 대한 책무감, ⑤ 투명성, ⑥ 자유롭고 공정한 선거, ⑦ 경제 행위의 자유, ⑧ 권력 남용 금지, ⑨ 표현·언론·종교·집회의 자유, ⑩ 선거 결과의 수용, ⑪ 인권 보호, ⑫ 다당제, ⑬ 법치주의(www.streetlaw.org)

대통령은 이 같은 민주주의 원리에 입각하여 국민이 선거, 정보수집, 토론, 주민회의, 봉사활동, 그리고 저항운동 등에 자유롭고 평등하게 참여할 수 있게 해야 한다. 정치적으로 다수결의 원칙을 중시하되 소수의 의견도 존중해야 하며, 결정과 행동에 대해 국민들에게 책임을 져야 한다. 국민의 알 권리를 존중하여 국민들에게 정보를 공개하고 투명성을 유지해야 한다. 개인의 재산권을 보호하고 자유시장의 원칙을 존중하되 지나친 빈부격차로 인한 불평등이 초래되지 않도록 노력해야 한다. 삼권분립을 준수하고 공직자들의 자원 배분 권한이 남용되지 않도록 국민 감시를 보장해야 한다. 특히 자신을 반대한 사람에게 집권 후 공권력을 이용하여 보복하는 행위는 절대 용납해서는 안 된다. 이것은 대통령이 국민 개인의 생명을 보호하고 인권을 신장하며 그것이 침해받는 것을 예방, 해결하기 위해 모든 노력을 다 해야 하는 인권보호 의무를 정면으로 위반하는 행위이기 때문이다. 이 때문에 얼마나 많은 사람들이 파멸의 늪에 빠졌는가.

대통령이 되려는 사람은 이러한 민주적 가치에 상당한 훈련이 되어 있어야 한다. 자신의 행동이 혹여 민주적 가치를 훼손하는 결과를 가져오지 않는지 자각할 수 있어야 하며, 민주적 가치의 신장을 위해 어떤 선택을 해야 하는지에 민감해야 한다. 민주적 가치의 정체성이 확고한 대통령은 그 정체성이 언행을 통해서 자연스럽게 발현된다. 이상은 시대와 이념을 초월하여 대통령이 항상 생각하고 실천해야 하는 대통령의 절대적 역할이다.

대통령은 또한 전통적으로 강조되어온 자본주의의 5대 원칙이 잘 지켜지도록 최선의 노력을 다해야 한다.

① 경제적 자원에 대한 개인의 소유권과 처분권, ② 기업 활동의 자유, ③ 기업들 간의 경쟁, ④ 선택의 자유, ⑤ 이윤 추구

대통령은 국민의 재산권을 침해하거나 기업 활동의 자유를

제한해서는 안 된다. 또한 기업이나 개인에게 공개적, 암묵적으로 불이익을 주는 행동도 하지 말아야 한다. 최근 자본주의의 폐해로 지적되고 있는 환경 파괴, 과소비를 조장하는 소비주의, 정경유착을 낳은 기업주의, 빈부격차의 심화, 사회적 계층화 등의 부작용을 치유하기 위한 정책을 추진하되, 이 과정에서도 민주적 가치가 훼손 또는 침해되지 않도록 해야 한다.

이렇게 보면 민주적 가치의 정체성을 확립하고 국민 모두가 그러한 가치를 지키도록 환경을 조성하는 것만으로도 대통령이 할 일은 너무나 많다.

대통령 후보들의 '민주적 가치' 진단법

민주적 가치는 수백 년 동안 인류 사회를 떠받쳐온 기둥이지만, 앞으로도 변함없는 최고의 가치로 굳건히 지켜나가야 한다. 유권자들은 이 점을 깊이 인식하여 각 후보의 다양한 측면을 보고 민주적 가치 수준을 판단해야 한다. 앞서 언급했듯이, 한국의 역대 대통령들이 '엠시시'의 험한 길을 걸어온 가장 큰 원인은 모두가 민주적 가치에 충실하지 못했기 때문이다. 이제는 각 후보가 어떤 공약을 내놓는지보다도 민주주의 원리와 자본주의 원칙에 대해서 어떤 신념을 가지고 있는지를 세심히 살펴야 한다.

이러한 논의에 입각하여 각 후보의 민주적 가치를 진단하는 설문 항목을 〈표 1〉에 제시했다. 대한민국과 국민을 위해 어떤 후보가 대통령이 되어야 하는지를 판단할 때 유용한 지침이 되어줄 것이다. 후보별로 설문에 응답한 결과를 합산하여 비교하고 선택하면 된다. 민주적 가치에 뒤이어 나오는 실용지능과 포용 욕구, 생산적 에너지의 설문 결과를 종합하면 어떤 후보에게 투표할지를 결정할 수 있을 것이다.

| 표 1 | **대통령 후보의 민주적 가치 진단**

1=전혀 아니다, 2=아니다, 3=보통이다, 4=그렇다, 5=매우 그렇다

영역	설문	응답				
		1	2	3	4	5
자유민주주의에 대한 신념	1. 자유민주주의에 대해 확고한 신념을 가지고 있다.					
자본주의 실천 역량	2. 자본주의의 부작용을 민주적 가치에 입각하여 해결할 수 있는 역량을 가지고 있다.					
가변성	3. 민주적 가치에 대한 신념은 대통령이 되어서도 변함이 없을 것이다.					

박정희와 박근혜의 결정적 차이

대통령이 갖춰야 할 역량 2 : 실용지능(PQ)

대통령 리더십을 이야기할 때 '비전을 제시해야 한다'는 말을 많이 한다. 대선 때마다 나오는 이야기로, 후보들의 비전이 나름의 효과를 본 것도 사실이다. 하지만 한국의 대통령 후보들이 제시하는 '비전'은 기대하지 않는 것이 좋다. 첫째 이유는 지금까지 5년 임기의 대통령들이 자신이 제시한 비전을 달성한 적이 없었기 때문이다. 비전다운 비전, 가슴을 울리는 메타포 (metaphor)를 구사한 적도 없다. 둘째, 대통령 되고 나서 덧없는 비전에 투자한다며 국민들의 주의자원(attention resource)을 엉뚱하게 낭비하기 일쑤였다. 오히려 제왕적 대통령이 자신의 카리스마를 강화하는 도구로 쓰이는 경우가 많았다. 셋째, 비전은 후보들이 유권자를 현혹시키기에는 최적의 도구이지만 국민의 실생활에는 별로 도움이 되지 않는다. 비전보다 더 중요한 것은 국가와 국민에게 직접 필요한 실용적 정책들이다. 넷째, 후보 자신도 대부분 비전에 대한 확신이 없다. 후보 스스로 몸서리치게 고민하고 분석하여 제시한 비전이 아니라 표를 얻기 위해 국민의 기호에 맞춘 결과물이기 때문이다. 다섯째, 특정 이념 위에 만들어진 비전은 국가를 이념 투쟁의 장으로 만들 우려가 크다. 국가를 잃으면 이념도 아무 의미가 없으므로, 이념을 내세워 국민을 현혹하는 것은 타파해야 할 적폐(積弊, 누적된 악)다.

물론 비전은 중요하다. 단, 실용적 필요에 기초한 비전일 때 그렇다. 더구나 21세기 초반의 대한민국에는 중요한 현안들이 산적해 있다. 이들을 해결하려 노력하기보다 미래 비전에 올인하는 후보는 사기꾼이거나 득세를 위해 출마한 한량이나 다름없다. 조금만 생각해보면 다 알 수 있다. 언제 비전이 필요하며, 어떤 비전이 덧없는 정치적 술수인지를.

실용지능이 낮은 리더, 높은 리더

실용지능(Pragmatic Quotient, PQ)은 국가와 국민이 직면한 이슈들을 창의적으로 포착해내고 치열하게 매달려 해법을 찾아 실행하는 데 필요한 역량이다. 실용지능이 높은 리더들은 중요 이슈들을 남들보다 먼저 구성해내는 '개념화 능력(conceptualization skill)'이 탁월하고, 무엇이 중요한지, 또 어떻게 해결할 지를 전문가들과 끊임없이 토론하는 데 필요한 개방적 자세를 가지며, 선택된 아이디어를 실행하는 데 필요한 과정 관리 역량이 강하다.

반면에 실용지능이 낮은(Lo PQ) 리더는 문제가 뭔지도 잘 모르고 구태의연한 해법에 매달린다. 전문가를 찾기보다는 측근을 찾고, 널리 의견을 구하여 판단하기보다는 가까운 사람에게만 의존한다. 현장을 직접 확인하지 않고 대통령인 자신이 지시하면 다 이루어진 것으로 착각한다. 자신이 직접 중요한 프로젝트를 수행해본 경험도 거의 없다.

실용지능은 박정희와 박근혜를 대비시켜보면 명확히 드러난다. 박정희의 PQ는 박근혜의 PQ보다 훨씬 높다. 박정희는 군에 있을 때부터 각종 프로젝트를 수행하면서 문제를 분석하고 해법을 찾아 실행하는 훈련을 많이 쌓았다. 대통령이 되었을 때 그는 이미 상당한 실용지능을 갖추고 있었다. 경제기획원을 만들어 계획경제에 시동을 걸고 KIST 등에 세계적 전문가들을 초빙한 것 등은 높은 실용지능(Hi PQ)의 증거들이다. 문제에 대해 전문가들과도 많은 논의를 했다. 또한 지시를 해놓고 불시에 현장에 내려가 점검하는 일도 많았다. 문제는 박정희 통치 18년의 후반으로 갈수록 그의 PQ가 쇠퇴했다는 점이다. 독재가 장기화되면서 개념화 능력이 떨어지고 토론이 사라졌으며 추진력도 저항에 직면했다.

Hi PQ의 또 다른 사례는 POSCO를 건설하여 세계적 기업으로 키운 박태준 전 회장이다. 전문가들과 열정적으로 토론하고 중요한 이슈를 해결해내는 능력은 포항제철소 건설과 운영 과정에서는 물론, 광양제철소 부지를 선정하고 건설하는 과정에서도 잘 나타났다.

그에 반해 박근혜는 박정희와 같은 이슈 분석 및 해결의 훈련 기회를 갖지 못했다. 당연히 PQ가 낮을 수밖에 없었다. 개념화 능력을 갖추고 외향적, 개방적 태도를 보였다면 그나마 Hi PQ에 근접할 수 있었겠지만 그렇지도 않았다. 그러다 보니 전문가보다는 측근을 중시하고 이슈 인식이 뒤떨어졌으며 해법도 구태의연한 것들이 많았다. Lo PQ는 무엇보다도 이슈 장악력이 없다. 다른 사람의 말을 분석의 자료로 삼기보다 그대로 따르는 경우가 많다. 경제수석의 말과 재경부장관의 말이 다를 때 각각의 장단점을 스스로 분석하여 결정하기보다 신뢰가 가는 어느 한쪽의 손을 들어주는 식이었다.

중간 정도의 실용지능(Mid-PQ) 수준을 보인 대통령은 이명박이다. 그는 현대건설에서의 경험으로 충분히 Hi PQ의 가능

성을 갖고 있었다. 프로젝트도 많이 했고 현장감도 누구 못지
않았다. 하지만 그의 경력은 건설업에 치우쳐 있었고, 국가 경
영 차원에 필요한 수준의 개념화 능력을 갖출 수 있는 깊은 사
유의 시간을 갖지 못했던 것 같다. 개념을 만들되 자신의 경험
을 벗어나지 못했다. 청계천 복원과 4대강 개발은 그의 경험에
기반을 둔 개념이다. 하지만 북한의 공격에 대한 부적절한 대
응에서 볼 수 있듯이 그의 개념화 능력은 부족했다. 대응이 적
극성을 결여할 수밖에 없었던 이유다.

탁월한 리더는 '필요'에 집중한다

대통령의 실용지능은 미국 오클라호마대 심리학과의 마이클
멈포드(Michael D. Mumford) 교수가 제시한 실용적 리더십(prag-
matic leadership) 이론에 기초를 두고 있다. 실용적 리더의 특징
은 사회와 국민의 생활에 유용한 이슈와 아이디어를 개념화하
는 행위, 새로운 아이디어를 가지고 관련 전문가들과 토론하고
논의하는 행위, 그리고 효과적으로 실행하여 성과를 내는 행
위 등을 포함한다. 실용적 리더십은 이념적 리더십이나 비전을
중시하는 카리스마 리더십보다 사회와 국민들에게 미치는 영
향이 훨씬 더 크고 긍정적이다.

실용적 리더십의 대표적인 예로는 18세기 미국의 정치가 벤저민 프랭클린(Benjamin Franklin)을 꼽는다. 그는 미국 대통령을 지낸 적이 없지만, 탁월한 리더십으로 미국 독립선언서와 미합중국 헌법에 동시에 사인한 유일한 인물이다. 그의 초상화는 백악관에 가장 크게 걸려 있다. 그는 포장도로와 가로등을 창안했고, 대중을 위한 도서관과 종합병원, 그리고 소방서를 만들었다. 오늘날의 달러 화폐 발행을 시작했으며, 피뢰침과 다중초점 안경을 개발했고, 대학(University of Pennsylvania)을 세우고, 새로운 영어 알파벳도 발명했다. 그가 대통령이 아니었고 서양 사람이라 그럴 수 있었다고 생각할 수도 있다. 또 우리나라의 대통령 후보 모두가 꼭 그와 같이 위대한 발명가가 되라는 말도 아니다. 중요한 점은 리더로서 그의 자세와 실용지능을 본받아야 한다는 것이다. 정치를 하면서도 그는 공허한 비전을 제시하기보다 국민과 국가에 실질적으로 가장 필요하고 도움이 되는 것이 무엇일까에 초점을 맞췄다. 대중의 필요에 민감했고 그것을 해결하는 데 자신의 개념화 능력을 십분 발휘했던 것이다. 아울러 준토(Junto)라는 전문가 집단을 만들어 끊임없이 새로운 아이디어를 구하고 토론했으며, 조합을 만드는 등 아이디어의 실행에 남다른 추진력을 보여주기도 했다.

대한민국 대통령에게 주어진 5년이라는 임기는 그렇게 긴 기간이 아니다. 취임한 뒤 현황 파악하고 해외 몇 번 나갔다 오면 끝날 수 있는 짧은 기간이다. 이 짧은 기간 동안 되도록 많은 일을 하려면 현안들에 대한 깊은 이해와 해법들을 충분히 준비하고 있어야 한다. 청와대 들어가고 나서 공부한다는 것은 너무 늦다. 전문가인 장관들이나 수석들에게 알아서 하라고 맡길 수도 있지만, 핵심 사항에 대해서는 대통령이 스스로 깊이 알고 나름대로의 견해를 갖고 있어야 일이 신속하고 정확하게 처리될 수 있다. 그러므로 대통령이 되기 오래전부터 각종 현안에 대해서 핵심이 무엇이고 어떻게 해결할지를 고민하고 꾸준히 공부하면서 분석해온 사람, 즉 실용지능을 충실히 갖춘 사람만이 대통령으로서 짧은 기간에 성공할 수 있다.

대통령 후보가 좌나 우의 이념을 가질 수는 있다. 하지만 실용지능이 낮으면 실패의 가능성이 높아진다. 예를 들어 PQ가 낮은 대통령에게 IoT 개념을 이해시켜 필요한 정책을 만들 수는 있겠지만, 십중팔구 엉뚱한 데 투자하게 될 것이고 실무자들은 그래도 성과가 있었다며 침소봉대하기에 급급할 것이다.

재앙을 부르는 '리더의 낭만화'

후보들은 자신의 역량을 실제보다 더 크게 보이게 하려고 노력한다. 리더십 학자들은 이런 현상을 '리더십의 낭만화(romanticization of leadership)'라고 부른다. 그들은 자신의 작은 성과를 침소봉대하고 아예 없거나 부정적인 실적도 이런저런 논리를 세워 긍정적인 것으로 구성해내는 작업을 하게 되어 있다. 일종의 포장 기술 또는 분식(粉飾) 기술이라고 볼 수 있다.

미국의 역대 대통령들 중에서 일의 선후를 전혀 모르고 어정쩡하게 대처하다가 역사학자들로부터 항상 꼴찌 평가를 받는 대통령이 있다. 제임스 뷰캐넌(James Buchanan)이다. 그는 남북전쟁을 떠맡은 에이브러햄 링컨 직전의 대통령이었다. 평생을 독신으로 산 유일한 미국 대통령이었으며, 영국 대사로 근무한 적도 있다. 그가 영국에서 돌아왔을 때 미국은 한창 흑인노예 문제로 남과 북이 대립하고 있었다. 흑인이 집이나 말과 같이 주인의 재산으로 헌법에 명문화되어 있던 것을 의회가 개정하려고 하자 남부가 반기를 든 것이다. 남부는 의회가 헌법에 명시된 흑인재산 조항을 개정할 권한이 없다고 주장하고 있었다. 1857년 대통령에 당선된 뷰캐넌은 흑인노예 문제를 어떻게 풀어야 할지 몰라 어정쩡한 태도로 일관했다. 연방최고법원에 상정된 소송 판결(Dred Scott case)로 문제가 해결될 것으로 믿고 있었다. 하지만 최고법원이 의회는 남부 흑인을 자산으로 규정한 헌법을 개정할 권한을 갖고 있지 않다고 판결하면서 남부의 여러 주들이 연방 탈퇴를 선언하기 시작했다. 뷰캐넌은 "각주는 연방을 탈퇴할 권리가 없다. 그러나 연방정부가 개입할 수도 없다"는 식으로 대응했다. 그처럼 노예 해방을 지지하는 북부 출신이면서 남부의 의견에 동조하는 사람을 일컬어 '도우페이스(doughface, 밀가루반죽 얼굴, 가면)라고 한다. 그의 무능으로 미국은 남북 갈등이 악화되면서 전쟁에 돌입하게 되었다.

Lo PQ는 문제의 본질을 장악하지 못할 뿐 아니라 문제에 직면할 줄도 모른다. 누구를 설득해야 하고 어떻게 힘을 비축해야 하는지도 모른다. 자주 무력감에 빠진 모습을 보여준다. 뷰캐넌은 대단한 애주가로서 자신의 무능을 술로 달랬다.

어느 나라에서나 대통령의 Lo PQ로 국민을 힘들게 한 사례는 많다. 후보들의 PQ를 면밀히 분석하여 투표해야 하는 이유다. 실용지능이 높은 후보(Hi PQ)와 낮은 후보(Lo PQ)의 성향을 〈표 2〉에 비교, 정리했다.

대통령의 자리에 오르면 나라 일 전체를 학습하게 되므로 넓게 볼 수밖에 없는 상황에 놓이게 된다. 하지만 넓게 보고 좁게 보는 것은 습관이다. 습관은 쉽게 바뀌지 않는 법이다. 넓고 깊게 봐야 하는 상황에서 대통령이란 사람이 좁게 하나만 보는 습관을 갖고 있으면 문제가 더 심각해진다. 케네디 피살로 미국 대통령이 된 린든 존슨(Linden B. Johnson)은 베트남전쟁을 확전시켜 미국인들에게 큰 고통을 안겼다. 사태를 너무 좁고 안이한 시각으로 이해했던 탓이다.

| 표 2 | Hi PQ vs Lo PQ

Hi PQ 후보	Lo PQ 후보
국가의 이슈들에 대해 오래 탐구해왔다.	선거에 임박해서 전문가를 불러 배운다.
참신한 개념을 만들 줄 안다.	문제 인식에 변함이 없다.
성과를 내는 다양한 방법을 안다.	일을 체계적으로 추진할 줄 모른다.
넓고 깊게 본다.	좁게 하나만 본다.
장애물들을 창의적으로 극복할 줄 안다.	장애 발생 시 너무 쉽게 물러서거나 불합리한 방법을 요구한다.
과정과 결과를 모두 중시한다.	결과만 강조한다.
토론하는 것을 좋아한다.	일방적이다.

대통령 후보들의 '실용지능' 진단법

 일반 유권자들은 언론에서 제공하는 정보를 토대로 후보들을 판단할 수밖에 없다. 자서전 같은 것을 사서 읽는 사람도 있지만 대부분 내용이 왜곡되어 있어 별 도움이 안 된다. 그렇다면 일반 유권자들은 무엇을 보고 후보들의 PQ를 판단할 수 있을까? 몇 가지 단서를 활용하는 것이 바람직하다. 〈표 3〉의 설문지를 활용하여 각 후보의 PQ를 냉정하게 평가해보자.

| 표 3 | 대통령 후보의 실용지능 진단

1=전혀 아니다, 2=아니다, 3=보통이다, 4=그렇다, 5=매우 그렇다

영역	설문	응답				
		1	2	3	4	5
이슈 장악	1. 현안들을 장악하여 창의적 해법을 제시한다.					
관련 경험	2. 새로운 아이디어를 구상하여 실천한 경험이 많다.					
스타일	3. 장애물에 직면했을 때 회피하지 않고 집요하게 노력하여 극복한다.					

열심히 했는데 성과가 없다?

대통령이 갖춰야 할 역량 3 : 포용 욕구

실용지능이 일에 관한 것이라면 포용 욕구는 사람의 마음을 사로잡는 일이다. 내 의견에 반대하는 사람, 나를 비판하는 사람, 나를 싫어하는 사람에 대한 태도로 볼 수도 있다. 달리 표현하면 자신의 권력 기반을 확대하려는 욕구에 해당한다. 국가와 국민을 위해 반대를 찬성으로, 부정을 긍정으로 만들어 이슈에 대한 지지 영역을 확장하는 데 관련된 욕구를 뜻한다. 따라서 포용 욕구를 '사회적 권력 욕구(need for socialized power)'라고 칭하기도 한다. 이해시키고, 설명하고, 설득하고, 공유하고, 들어주고, 믿어주고, 인내함으로써 지지와 동의, 승인과 인정, 그리고 공감과 호감을 이끌어내는 욕구다.

닉슨의 욕구, 레이건의 욕구, 클린턴의 욕구

대통령 리더십을 연구하는 학자들은 미국 대통령들의 행동을 3가지 욕구에 근거한 것으로 파악한다. 성취 욕구, 포용 욕구, 친화 욕구가 그것이다. 목표를 세워놓고 강력히 몰고 가는 대통령은 성취 욕구가 높고, 여당이든 야당이든 국민의 대표인 의원들과 빈번히 소통하면서 자신의 정책을 설명하고 설득하는 대통령은 포용 욕구가 높고, 개인적으로 따뜻하게 대해주며 친근감을 느끼도록 배려해주는 대통령은 친화 욕구가 높은 것이다. 학자들이 3가지 욕구가 대통령의 성공과 실패에 미치는 영향을 분석했다. 그 결과, 성취 욕구가 높은 대통령들은 많은 경우 실패하며, 포용 욕구가 높은 대통령들은 대부분 성공했다는 사실이 밝혀졌다. 또한 친화 욕구가 높은 대통령들은 많은 경우 스캔들에 휘말렸다는 결론도 얻었다. 성취 욕구가 높았던 닉슨, 포용 욕구가 높았던 레이건, 그리고 친화 욕구가 높았던 클린턴을 예로 들 수 있다. 이 연구 결과는 대통령의 포용 욕구가 얼마나 중요한지를 설명해준다.

높은 성취 욕구는 기업을 경영하는 CEO들에게 긍정적으로 작용한다. 기업에서는 높은 성취 욕구가 큰 성과를 가져온다는 얘기다. 하지만 공공의 장에서는 높은 성취 욕구가 오히려 부작용을 불러올 가능성이 높다. 아무리 제왕적 대통령이라 하더라도 혼자서 다 하지 못한다. 국회의 승인을 얻어야 할 일도 많고 입법을 필요로 하는 사안도 많기 때문이다. 좋든 싫든 야당을 비롯하여 의견을 달리하는 인사들과도 허심탄회하게 국정을 논의하고 설득해가야 한다.

성취 욕구가 높았던 한국 대통령은 이명박이었다. 그는 기업에서처럼 아침 일찍 출근해서 밤늦게까지 열심히 일했다. 비서는 물론 주요 부처의 공무원들도 대통령보다 훨씬 먼저 출근해 준비해야만 했다. 747 공약에서 보듯 목표도 하늘 턱까지 높여놨고 근무시간도 늘렸다. 그럼에도 불구하고 아직도 논란이 되고 있는 4대강 외에 기억에 남는 성과를 이야기하는 사람은 많지 않다.

이명박 대통령의 실패는 포용 욕구가 낮았다는 데서도 나타난다. 그는 높은 성취 욕구로 성공적인 CEO가 되었다. 하지만 대통령이 되어서는 성취 욕구를 포용 욕구로 바꿨어야 했다. 그런데도 기업에서의 성공 코드를 대통령 직무에 그대로 도입했다. 기본적으로 그는 국회를 싫어했다. 야당을 만나 설득하는 노력도 충분히 하지 않았다. 국민들에게 찬찬히 설명하고 설득하는 일도 만족스럽지 않았다. 비판하는 언론에 다가가기 위해 많이 노력했다는 증거도 없다.

박근혜의 포용 욕구는 병리적으로 낮았다. 혼자서 식사하는 일이 많았고 비서나 장관들과도 많이 만나지 않았다. 유승민의원처럼 자신을 비판하는 사람들에 대해서 적대감을 보이기도 했다. 야당이나 언론과의 대화도 드물었다.

두 대통령만이 아니다. 대한민국에는 이승만에서 박근혜에 이르기까지 특별히 포용 욕구가 높았던 대통령이 존재한 적이 없다. 대선에서 포용하지 않겠다고 말하는 후보는 없었다. 모두를 포용할 것처럼 말하다가 막상 대통령이 되고 나면 소라게처럼 자기 집 청와대로 쏙 들어가 잘 나타나지 않았다. 기자들에게 나와서 모든 것 열어놓고 조곤조곤 질문받는 대통령을 본 적이 없다. 트럼프를 문제가 많은 대통령으로 비판하지만, 기자회견에서 풀어놓고 말하는 것을 보면 부러울 따름이다. 물론 기자들과 허심탄회하게 말하는 것이 포용 욕구의 전부는 아니지만 하나의 판단 근거는 된다. 국내의 언론들도 미국 대선의 토론을 예로 들면서 클린턴과 샌더스처럼 쪽지 없이 토론할 수 있는 후보가 필요하다고 주장한다(《중앙일보》 2017. 3. 24). 쪽지 없이 토론하는 능력은 포용 욕구를 구현하기 위한 최소한의 역량이다. 대통령이 "나는 포용하려는데 상대방이 말을 안 듣는다"고 말하는 것은 포용 욕구가 강하지 않다는 증거다. '내가 하자는 대로 동의해달라'는 것은 더더욱 포용이 아니다. '당신이 하자는 대로 다 들어주마' 하는 것도 바람직한 리더십이 아니다. 이슈별로 설득과 수용의 협상력을 국민들에게 보여주고 설명해주는 것이 포용 리더십의 ABC다.

공유하는 리더, 숨기는 리더

최근에 리더십 학자들이 '공유 리더십(shared leadership)'이라는 이론을 발표했다. 리더가 혼자서 다 할 필요 없이 자신의 역할을 다른 사람들과 나누는 것이 더 좋다는 논지다. 이것은 대통령처럼 직무 범위가 넓은 리더들에게 특히 일리가 있는 이론이다. 대통령이 책임져야 하는 부분이 너무 많으므로 모든 것을 혼자서 다 하기보다는 총리나 장관들과 역할을 나누어 수행하는 편이 더 효율적일 것이다. 이는 리더의 포용 욕구를 전제로한다. 권한을 위임하는 것이 대통령을 위태롭게 하기보다 오히려 공직자들의 동기를 높여 더 좋은 성과를 낼 수 있다는 포용의 정신이 바탕이 되어야 한다.

스쿠버다이버들이 자신의 '숨'을 빌려줘야 할 때가 있다. 깊은 바다에서 동료의 산소탱크가 고장 났을 때다. 하지만 자신의 생명줄인 산소호흡기를 나누기란 본능적으로 힘든 일이다. 돌려받지 못할 수도 있기 때문이다. 상대방에 대한 포용 정신과 신뢰 없이는 산소호흡기를 선뜻 건네지 못할 것이다. 대통령이 권한을 위임하는 일은 스쿠버다이버가 숨을 빌려주는 것에 비유할 수 있다. 결코 쉽지 않은 일일 것이다. 총리와 장관들에게 권한을 부여하고 야당과 권력을 분점한다는 것은 깊고 깊은 물속에서 안 돌려줄지도 모르는 산소호흡기를 내어주는 위험을 무릅쓰는 일일 수 있다. 그래서 신뢰에 기반한 강한 포용 욕구가 필요한 것이다.

공유 리더십은 수직적 공유뿐 아니라 수평적 공유를 포함한다. 수직적 공유는 장관들이 소신껏 일할 수 있게 대통령이 '임파워먼트(empowerment)'하는 것을 말한다. 권한을 주고, 지시하기보다 토론 상대가 되어주는 등 그야말로 '약진의 장(場)'을 열어주는 것이다. 대통령과 총리·장관은 명령과 지시를 주고받는 관계이지만, 한편으로는 함께 탁월한 성과를 만들어가는 파트너이기도 하다. 지시와 명령에만 매달리면 독재자가 되고 공유와 토론을 중시하면 파트너가 된다. 기쁨을 나누면 배가되듯 권한도 나누면 그만큼 커진다. 수평적 공유는 대통령이 정부 이외의 이해관계자들과 함께하는 것이다. 국회, NGO 등의 사회단체들, 기업들, 그리고 무엇보다 국민들에게 이해를 구하고, 필요한 정보를 공개하며 국정의 한 주체로 인정해주는 것이다. 물론 대통령으로서 비밀도 많고 밝힐 수 없는 사안도 적지 않을 것이다. 하지만 우리 대통령들은 불필요하게 '비밀 만능주의'에 빠져 있다. 무조건 대외비, 극비라며 못을 박고 접근을 불허한다. 비밀이 많을수록 누설도 많아지고 그만큼 더 많은 공직 범죄인들을 양산하게 된다.

정부의 비밀주의에 대해 극단적 비판을 가하는 학자들이 있다. 다음은 한 논문의 서문에 나오는 글이다. 우리 사회의 수

평적 공유가 얼마나 부족한지를 잘 보여준다.

"필자는 최근 10년 한국 사회가 겪고 있는 폐단의 고통들, 즉 4대강 사업, 원전사업 강행, 가계빚 조장, 공공성 파괴, 세월호 참사를 '5대 파국'이라고 이름 붙였다. 이러한 5대 파국은 i) 진실 대신 조작된 신념을 대체하려는 분리주의의 독점적 확산, ii) 생명의 가치를 공감하지 못하는 권력 집단의 인지구조, iii) 사실대로 드러낼 수 없는 것이 많은 그들만의 비밀주의, iv) 기만적 권력을 정당화하기 위해 진실을 허위로 위증하는 자기기만의 악순환, v) 과학적 담론을 회피하고 덕담을 가장한 맹목적 믿음의 전파를 조작하는 집단 의지의 결과임을 밝힌다." (최종덕, '한국 5대 파국의 공감 결핍에 대한 인지과학적 분석', 〈시대와 철학〉 26(2): 191쪽, 2015)

위 내용에 모두 공감할 수는 없지만, 비밀주의가 심각한 문제인 것은 사실이다. 특히 대통령이나 주변의 지나친 비밀주의는 자칫 '사실대로 드러낼 수 없는 것이 많은' 모습으로 비쳐 불필요한 의혹과 소모적 논란을 야기한다. 또한 비밀주의는 '과학적 담론을 회피하고 덕담을 가장한 맹목적 믿음의 전파'와 관련된다는 인식을 심어줄 수도 있다. 대통령은 비밀을 지키기보다 무엇이건 공유하려는 자세를 가져야 한다. 불필요한 비밀을 경계해야 한다. 이것은 또 다른 포용이다.

내성적인 성격 때문에 힘들었어요

그렇다면 포용 욕구가 강한 대통령 후보들은 어떤 특징을 보일까? 〈표 4〉에 주요 특징들을 정리했다.

모르는 사람에게도 쉽게 달려가 안기는 아이가 있고, 낯을 심하게 가려 친숙해지기까지 한참 걸리는 아이도 있다. 전자를 접근성(approach)이 좋다고 하고, 후자를 회피성(avoidance)이 크다고 한다. 리더십 연구에 따르면, 어렸을 때 접근성이 좋은 사

| 표 4 | **후보들의 포용 욕구 특징**

고(高)포용 후보	저(低)포용 후보
다른 의견을 듣고 조율·조정하는 것에 능하다.	자기주장만 내세운다.
사람들에게 먼저 다가간다.	낯을 가린다.
비판 수용력이 높다.	비판하는 소리를 들으면 표정이 변한다.
자기 자신을 공개한다.	비밀이 많다.
대화를 좋아하고 상대방의 말을 진지하게 듣는다.	혼자 있기를 좋아하고 냉소적이다.
화합과 용서를 중요시한다.	분열과 보복을 조장한다.
다른 사람을 비판할 때 건설적으로 한다.	인격을 무시하는 파괴적 비판을 잘한다.

람은 회피성이 큰 사람보다 성장한 후에 리더의 직위를 차지할 가능성이 크다고 한다. 이와 관련하여 대부분의 리더십 학자들이 동의하는 전제가 있다. 외향적인 성격의 리더가 내성적인 경우보다 효과적인 리더십을 발휘하기에 더 유리하다는 것이다. 실제로 리더들의 약 80%는 외향적 성격이라고 한다. 보다 강한 포용 욕구를 가지고 있을 가능성이 높기 때문이다. 회피성이 큰 리더는 어쩔 수 없을 경우에만 사람에게 접근하고 상황의 압박이 없으면 사람을 피한다. 대통령의 불통 문제도 여기에서 출발한다.

2016년 도널드 트럼프의 당선으로 끝난 미국 대선은 많은 화제를 남겼다. 그중 하나는 젭 부시(Jeb Bush)에 관한 것이었다. 그는 다른 공화당 후보들과 달리 매우 내성적인 성격을 갖고 있었다. 얼굴은 항상 굳어 있었고 다른 후보들의 공격을 쉽게 피해가지 못해 절절매는 모습이 TV 화면에 자주 비쳤다. 아버지 조지 부시와 형 부시를 비롯하여 온 가문이 나와 지원했지만 초기의 상승세를 이어가지 못하고 결국 중도 하차하고 말았다. 그 후 TV 인터뷰에서 그는 선거운동 기간 동안 자신의 내성적 성격을 극복하는 일이 매우 힘들었다고 고백했다.

이처럼 포용 욕구는 개인의 성격 특성과 밀접한 관련이 있다. 희망을 품고 동참했던 여러 책사들에게 실망을 안기고 떠나보내는 후보, 필요할 때는 삼고초려를 해서라도 모셔오지만 효용 가치가 떨어지면 냉혹하게 버리는 후보는 매정한 성격의 소유자다. 포용 욕구를 찾기 어려운 사람이다. 그런 사람이 대통령이 되었을 때 야당이나 반대 세력을 포용하기란 불가능에 가까울 것이다.

진실은 밝히되 보복은 하지 않겠다!

인권운동가로 오랜 투쟁 생활을 하다가 남아프리카공화국 대통령에 당선된 넬슨 만델라(Nelson Mandela)는 화합의 상징으로 통하는 인물이다. 그는 자신을 포함한 다수의 흑인들이 소수의 백인 지배자들의 탄압에 신음하는 모습을 보고 투쟁의 길로 들어섰다. 살던 고향에서 이유도 모르게 쫓겨나고, 옥에 갇히고, 사냥감처럼 달아나다가 총에 맞아 죽는 흑인들이 한둘이 아니었다. 만델라도 1964년에 종신형을 선고받아 27년간 정치범수용소에서 온갖 고통을 당했다. 대통령에 당선된 그는 백인들에게 보복할 수 있는 충분한 이유와 수단을 갖고 있었다. 하지만 그는 "용서한다. 그러나 잊어서는 안 된다"라는 말과 함께 평화와 화합의 길을 걸었다. 진실은 밝히되 보복은 하지 않는다는 그의 통치 철학은 그를 더욱 위대한 지도자로 만들었다.

우리나라의 김대중 대통령도 만델라와 비슷하게 옥고도 치르고 핍박도 받았다. 그리고 똑같이 용서와 화합을 위해 노력했다. 자신을 핍박했던 박정희 대통령을 인정하는 등 갈등을 치유하기 위해 노력했다. 그도 만델라처럼 노벨평화상을 수상했다.

보복은 문제를 푸는 한 방식일 수 있다. 하지만 피해를 보복으로 갚는 것은 1차원적 문제 해결 방식에 지나지 않는다. 보복 대신 용서와 포용으로 치유할 수 있어야 한다. 그것이 고차원적 방식의 문제 해결이다. 보복은 과거를 바라보지만, 포용은 미래를 함께 바라보며 나아간다.

한국의 대통령들은 어떤가. 정권을 잡으면 반드시 전(前) 정권을 파헤치는 관행이 있다. 불법적 행위가 있다면 당연히 조사를 해야 하지만, 대개는 전임 대통령의 정치 세력을 약화시키려는 목적인 경우가 많았다. 한 예로 김영삼 정부는 대선 때의 경쟁자였던 박태준 포스코 명예회장을 이 잡듯 샅샅이 뒤져 비리를 캐내려고 했다. 당시 박 회장은 일본으로 건너가 몇 년을 고생해야 했다. 더 이상 이런 일이 되풀이되어서는 안 된다. 포용 욕구가 강한 후보를 대통령으로 뽑아야 한다.

대통령 후보들의 '포용 욕구' 진단법

포용은 권력을 키우고 넓히는 가장 출중한 방법이다. 고(高) 포용 욕구 후보는 국민과 함께 있는 것을 좋아한다. 저녁 산책 길에 우연히 만난 이웃처럼 부담 없이 대화할 수 있는 사람이다. 특히 자신을 비판하는 사람들의 소리를 듣고 자신을 되돌아볼 줄 안다. 얼굴은 비밀을 잔뜩 머금은 잠긴 얼굴이 아니라 물어보면 금방이라도 답해줄 것 같은 열린 얼굴이다. 그는 갈등 해결을 피하지 않으며 대의를 위해 용서할 줄 아는 대범한 사람이다. 국민들은 그에게 표를 던질 것이고, 변함없는 애정과 지지를 보여줄 것이다. 〈표 5〉에 포용 욕구 진단 설문을 담았다.

| 표 5 | **대통령 후보의 포용 욕구 진단**

1=전혀 아니다, 2=아니다, 3=보통이다, 4=그렇다, 5=매우 그렇다

영역	설문	응답				
		1	2	3	4	5
접근성	1. 편안하게 사람들에 먼저 접근하여 대화하는 것을 좋아한다.					
개방성	2. 숨기려고 하기보다 공유하려 한다.					
수용성	3. 다른 사람의 비판을 수용할 줄 안다.					

국민을 신바람 나게 하는
대통령을 보고 싶다
대통령이 갖춰야 할 역량 4 : 생산적 에너지

'대통령은 국민을 신나게 해야 한다. 생산적 에너지로 국민의
마음을 채워줘야 한다.'

헌법의 어느 조문에도 이런 내용을 대통령의 임무로 규정하
고 있지는 않다. 하지만 대통령의 임무는 헌법으로 다 규정할
수 있는 것이 아니다. 법은 항상 최소한의 요건을 규정하기 때
문이다. 당연히 대통령은 국민을 위해 법에서 정한 것 이상의
역할을 해야 한다. 국민은 대통령 때문에 심란하지 않은 나라
에서 살고 싶어 한다. 대통령과 함께 신바람 나는 나라를 만들
어가기를 바란다. 그런 국민을 위해 대통령은 생산적 에너지의
원천이 되어야 한다.

스위스의 마이클 콜(Michael S. Cole) 장크트갈렌대 리더십·HR 경영연구소 교수는 2005년에 동료들과 '생산적 조직 에너지(productive organizational energy)'라는 말을 만들어냈다. 생산적 조직 에너지란 특정 목표를 추구할 때 구성원들이 긍정적 정서, 인지적 활력, 그리고 생산적 행동을 함께 경험하고 보여주는 것을 의미한다. 한국적 용어로는 '조직 내의 신바람'이라고 할 수 있다. 이러한 개념을 국가 차원에도 적용할 수 있다. 대통령이 국민들에게 긍정적 정서, 인지적 활력, 그리고 생산적 행동을 함께 느끼면서 살 수 있도록 해준다면 국민 생활이 얼마나 좋아지겠는가.

국민이 실망할 때와 신뢰할 때

국민들이 긍정적 정서, 인지적 활력, 그리고 생산적 행동을 만끽하도록 하려면 대통령은 무엇을 해야 할까? 윤리적 리더십 이론은 리더가 먼저 윤리적 엄격성을 보여줘야 한다고 주장한다. 〈하버드 비즈니스 리뷰(Harvard Business Review. 2016. 3. 15)〉에 실린 195명의 글로벌 리더들을 대상으로 실시한 설문조사에 따르면, 리더가 갖춰야 하는 10대 역량 중에서 '강력한 윤리 의식'이 67%로 가장 중요한 역량으로 나타났다. 대통령이 청렴해야 국민들의 생산적 에너지가 분출될 수 있다는 말이다.

철학자 임마뉴엘 칸트(Immanuel Kant)는 절대적 윤리 추구를 주장했다. 하지만 현실의 인간은 누구도 완벽한 윤리적 삶을 살 수 없다. 대통령도 사람이다. 그렇지만 자신의 편리대로 고무줄 같은 윤리 기준을 국정에 적용해서는 안 된다. 엄격한 윤리 기준을 따르되 잘못이 있을 때 확실히 바로잡으려는 용기가 대통령에게 꼭 필요한 덕목이다. 이와 같은 윤리적 용기를 갖춘 대통령을 바라보는 국민은 실망하거나 분노하지 않는다. 실수를 했어도 다시 바른 길로 돌아오리라는 것을 믿기 때문이다. 대통령의 윤리적 용기는 국민의 생산적 에너지가 샘솟게 하는 기본 요인이다.

국민은 대통령의 잘못에 실망하기도 하지만, 잘못을 숨기고 거짓말하는 데 분노한다. 국민은 윤리적 완벽주의보다 잘못을 인정하고 스스로 잘라낼 줄 아는 '용기'를 보고 싶어 한다. 리더는 잘못했을 때 '내가 왜 그랬는지 모르겠다. 나를 철저히 수사하라'는 용기를 보여야 한다. 잘못을 숨기는 것은 그 잘못이 의도적이었다는 증거다. 윤리적 용기를 갖춘 대통령은 선택에서 당당하고 행동에서 소탈하며 생각에서 자유롭다.

리더의 후원이 넘치는 에너지를 만든다

대통령은 윤리적 용기를 발휘할 수 있어야 할 뿐 아니라, 국민이 힘들어하는 문제들에 대해서 든든한 후원자가 되어야 한다. 그래야 생산적 에너지가 생긴다. 미국 와튼스쿨(The Wharton School)의 리더십 학자였던 로버트 하우스(Robert J. House)는 추종자들이 어려움에 빠졌을 때 리더의 후원적 행동(supportive behavior)이 큰 힘이 된다는 연구 결과를 발표했다. 대통령이 그래야 한다.

사회의 아픔을 치유하고 문제를 해결하는 일은 대통령이 마음을 열고 몰입하기만 하면 대부분 해결할 수 있다. 거기에는 여와 야가 따로 있을 수 없고, 위와 아래의 논란도 문제되지 않는다. 문제는 대통령의 인식과 스타일이다. 하지만 안타깝게도 우리 대통령들은 그런 모습을 보여주지 못했다. 저출산 문제를 해결하기 위해 비서진과 장관들, 전문가들과 머리를 짜낸 대통령이 있는가? 청년실업 문제를 내 자식의 문제로 여기고 관련 전문가나 관료들과 모든 대안을 펼쳐놓고 절박한 심정으로 대안을 찾은 적이 있는가? 어느 대통령이 또는 대통령 후보가 미세먼지 문제 해결을 위해 직을 걸겠다는 결기를 보인 적이 있는가? 진정한 국민의 후원자라면 중국에 정식으로 다그치고 그래도 안 되면 반도체 공급이라도 끊을 각오로 나서야 한다.

고등어 구울 때 발생하는 미세먼지가 문제라는 기막힌(?) 발상을 내놓는 탁상행정도 물리쳐야 한다. 대통령이 반드시 해결해야 한다는 절박한 의지를 가지고 매달리면 해법을 찾을 수 있다. 그래도 풀리지 않을 때는 전 세계를 상대로 상금을 내걸고 공모라도 해서 풀어가야 한다.

유럽 국가들은 지리적으로 촘촘히 붙어 있어 미세먼지와 공해가 오래전부터 국가 간 문제가 되어왔다. 그들은 미세먼지의 공해 유발과 피해 상황을 과학적으로 분석하여 서로 보상을 해주는 제도를 시행하고 있다. 우리도 그렇게 만들어야 한다. 그런 의미에서 중국을 어려워하거나 무서워하는 대통령은 뽑지 말아야 한다. 국민의 건강과 행복을 위해서라면 누구와도 당당히 맞설 수 있는 대통령을 뽑아야 한다. 그 상대가 중국이든, 일본이든, 미국이든 말이다. 경제적 의존도가 높다고 해서 굴욕을 감수하며 이익을 추구한다면 그것은 이미 국가가 아니다. 최근에 마침내 한 언론에서도 '중국에 미세먼지 한마디 못하는 대선 주자들'이라며 대통령 후보들의 무대책을 꼬집었다(《문화저널21》 2017. 4. 5).

대통령은 국민들이 힘들어하는 문제에 집중하여 해결해줘야 한다. 그러면 국가가 생산적 에너지를 갖게 된다. 이것이 바로 진정한 후원적 리더십이다.

또한 대통령은 생산적 에너지를 위해 국부 창출에 호의적인 환경을 만들어야 한다. 미국의 리더십 학자인 메리 울비엔 (Mary Uhl-Bien) 네브래스카대 교수가 제시한 복잡계 리더십 이론(complexity leadership theory)에 따르면, 리더는 추종자들이 마음껏 뛸 수 있도록 환경을 만드는 사람이다. 리더 자신의 의도대로 이끌어가려고 하기보다는 구성원들이 상호 간 자유스러운 교류를 통해서 의미 있는 결과가 떠오르도록(emerging) 시스템만 관리하면 된다는 취지다. 이렇게 볼 때 대통령은 국민이나 기업이 마음 놓고 경제 활동을 통해 국부를 창출할 수 있는 여건과 환경을 조성하는 데 힘써야 한다. 특히 기업은 자본주의의 꽃이고, 기업주는 꽃이 열매를 맺도록 하는 나비와 같은 존재다. 기업이 사회의 부 창출을 책임지게 된 것은 인류 역사에서 불과 200년밖에 안 된다. 본격적으로 글로벌 기업들이 등장한 것은 100년이고, 우리나라의 경우는 이보다 훨씬 짧다. 이제는 기업 없이 사회와 국가가 돌아갈 수 없는 시대다. 정부와 국민과 기업이 건설적인 관계를 형성해야 국부 창출의 현대적 시스템이 힘을 발휘하게 된다. 애덤 스미스(Adam Smith) 이후 조지프 슘페터(Joseph Schumpeter)를 빼놓고는 기업을 칭찬한 학자가 거의 없지만, 거의 모든 일자리가 기업에서 나오는 것이 오늘의 현실이다.

대통령이 나서서 건전한 기업 환경을 조성해야 한다. 몇몇 기업가들의 비리로 모든 기업가를 매도하거나 저격하는 행위는 바람직하지 않다. 국민들이 갖고 있는 기업주와 재벌에 대한 적대적 이미지에 대해서도 대통령이 균형 잡힌 관점을 보여줘야 한다.

리더가 정체성을 잃지 않으려면

대통령직을 수행하다 보면 현안에 매몰되어 자신을 되돌아보지 못하게 되는 경우가 많다. 이를 극복하기 위해서 대통령은 정기적으로 리더십 훈련과 코칭을 받을 필요가 있다. 이를 통해 자신의 행동과 생각이 국민들에게 과연 충분한 생산적 에너지를 창출해주고 있는지를 성찰할 수 있다.

대선에 출마하는 후보들에게 묻고 싶다. 리더십 훈련이나 코칭을 단 한 시간이라도 제대로 받아보았는가? 리더십 훈련과 코칭을 정기적으로 받는 대통령은 자만하거나 아집에 빠지지 않는다. 대통령의 자만과 아집은 무리한 정책 추진의 원흉이고, 이것이 결국 국민들을 어렵게 만든다. 충분한 설명과 설득 노력 없이 국가의 이익이니 애국심이니 하는 것을 내세워 자신의 고집을 관철하려 할 때 국민들은 난감해진다. 그러므로 대통령은 자신의 생각이 자만이나 아집의 소산이 아닌지를 훈련과 코칭을 통해서 끊임없이 검증받고 성찰해야 한다. 리더십 전문코치나 이슈별 전문가들의 코칭과 훈련이야말로 대통령이 올바른 정체성을 잊지 않게 하는 방법이다.

대통령 후보들의 '생산적 에너지' 진단법

국민 누구라도 이 땅에 태어난 것이 후회스럽다고 느낀다면 그것은 이 나라를 이끄는 리더들의 책임이다. 이 나라에서 더불어 사는 것이 자랑스럽고 이 땅에 나의 뼈를 묻게 되는 것이 다행스럽다고 0.1%의 주저함도 없이 말할 수 있을 때 국민은 멋진 삶을 살고 있는 것이다. 그러려면 생산적 에너지가 충만해야 한다.

유권자들은 대통령 후보들이 생산적 에너지를 창출할 능력을 얼마나 갖추고 있는지를 확인해야 한다. '윤리적 용기'가 있어 과거에 잘못했던 것을 솔직히 인정하고 정의의 길로 확실히 돌아왔는지를 살펴봐야 한다. '자기 성찰'의 증거는 솔직하게 자신의 약점을 고백하는지를 살펴보면 알 수 있다. '국민의 후원자'는 약자의 편에서 강자의 압력이나 난제에 맞서 해결했던 경험을 확인해보면 판단할 수 있다. '국부 창출'의 경우에는 경제 활동의 시스템을 제대로 이해하고 있는지를 검증하는 것이 중요하다. 그리고 전체적으로 후보가 인생을 한(恨)으로 살아

온 사람인지, 긍정 에너지로 살아왔는지를 확인하는 것도 필요하다. 자칫 대통령의 권력이 자신의 한풀이 수단으로 전락해서는 안 되기 때문이다. 〈표 6〉에 생산적 에너지 진단 설문을 실었다.

| 표 6 | 대통령 후보의 생산적 에너지 진단

1=전혀 아니다. 2=아니다. 3=보통이다. 4=그렇다. 5=매우 그렇다

영역	설문	응답				
		1	2	3	4	5
윤리적 용기	1. 항상 정의의 편에 서기 위해 자신을 되돌아보고 성찰한다.					
국민 후원자	2. 국민의 난제를 해결하는 데 든든한 후원자가 된다.					
국부 창출 환경	3. 국부 창출 동력 향상을 위한 환경 조성에 매진한다.					

당신에게만 알려주는 비밀 이야기 01

앞에서 우리는 민주적 가치, 실용지능, 포용 욕구, 그리고 생산적 에너지 등 대통령 후보가 갖춰야 할 4가지 역량을 알아보았다. 이 역량들을 기준으로 후보들을 평가해보면 누가 대통령이 되어야 하는지를 결정할 수 있다.

대통령 선거에서 유권자가 던져야 하는 질문은 '누가 될 것 같은가?'가 아니다. 그보다는 '누가 되는 것이 국가와 국민에게 제일 바람직한가?'를 물어야 한다. 여기서 중요한 것은 평가하기 전에 선입관을 버려야 한다는 것이다. 이미 내가 마음속에 두고 있는 생각은 잠시 접고 객관적으로 평가해야 한다. 그것이 지혜로운 유권자의 자세다.

누구를 리더로 세울 것인가

경상도에서는 경상도 출신 후보를 뽑고 전라도에서는 전라도 출신 후보에게 표를 몰아주는 시절이 있었다. 그다음에는 좌와 우로 나뉘어 좌파는 좌파 후보에게, 우파는 우파 후보에게 '묻지 마 투표'를 했다. 이제는 멈추어야 한다. 이런 식의 투표가 계속 이어진다면 분열과 혼란을 피할 수 없고 유권자 탄핵도 면할 수 없다. 지역과 연고, 좌와 우가 아니라 민주적 가치, 실용지능, 포용 욕구, 생산적 에너지 등 4가지 기준만을 가지고 객관적으로 평가하여 그 결과에 따라 투표해야 한다.

유권자의 수준이 곧 대통령의 수준이다. 2017년 5월 9일 대선을 앞두고, 대통령 후보들에 대한 개략적인 정보를 〈표 7〉에 실었다. 민주적 가치, 실용지능, 포용 욕구, 생산적 에너지 등에 비추어 후보들이 어떤 수준인지 냉철하게 평가해보기 바란다.

| 표 7 | 성숙한 유권자 실습을 위한 대통령 후보들에 대한 정보 개요

	문재인	홍준표	안철수	유승민	심상정
출생지	경남 거제	경남 창녕	경남 밀양	경북 대구	경기 파주
생년월일	1953. 1. 24	1954. 12. 5	1962. 2. 26	1958. 1. 7	1959. 2. 20
가족관계	배우자 김정숙 1남 1녀	배우자 이순삼 2남	배우자 김미경 1녀	배우자 오선혜 1남 1녀	배우자 이승배 1남

	문재인	홍준표	안철수	유승민	심상정
출신 학교	경희대 법학과	고려대 법대 행정학과	서울대 의대 석·박사 와튼스쿨 경영학 석사	서울대 경제학과 위스콘신 대학원 경제학 박사	서울대 역사 교육학과
종교	천주교	개신교	없음	불교	천주교
공약 사항	•치매국가 책임제 •아이가 행복한 나라 •4차 산업 혁명의 시대 •소방관 인력과 처우 개선 •스펙 없는 이력서 •안전한 대한민국 •성차별 없는 나라 •자영업자들이 살맛 나는 나라 •특수고용 노동자 보호법 •비정규직 철폐 •액티브엑스 (ActiveX) 폐지	•검찰 개혁 •사회 전반에 걸친 강력한 개혁 •정무장관 제도 부활 •공세 위주 국방 정책 •취약계층에 차등 지원하는 차별적 복지 •식수전용댐 건설하여 생활용수 저렴하게 공급	•과학기술, 창업혁명 •성평등 대한민국 •강력한 교육혁명 •사교육비 없는 나라 •국민 중심의 정치혁명 •공정한 대한민국 •경제 개혁, 재벌 개혁 •지방분권 강화	•육아휴직 3년법 •돌발노동 없는 칼퇴근 하는 나라 •창업하고 싶은 나라 •공정한 시장경제 •어르신을 위한 나라 •지방분권형 개헌 •일하면서 제대로 대접받는 나라 •더불어 사는 공동체 복지	•슈퍼우먼 방지법 •노동권익 실현 •다양한 가족 형태 지원 강화 •탈핵 로드맵 •장애인 자립생활 권리장전 •여성 안심주택, 한부모 종합지원 프로그램 마련 •유럽 수준의 동물복지 국가 만들기
저서	〈문재인의 운명〉(2011), 〈문재인, 김인회의 검찰을 생각한다〉(2011), 〈사람이 먼저다 : 문재인의 힘〉(2012), 〈문재인이 드립니다〉(2012),	〈홍 검사, 당신 지금 실수하는 거요〉(1996), 〈이 시대는 그렇게 흘러가는가〉(2000), 〈나 돌아가고 싶다〉(2005), 〈변방〉(2009),	〈별난 컴퓨터 의사 안철수〉(1995), 〈CEO 안철수 영혼이 있는 승부〉(2001), 〈CEO 안철수 지금 우리에게 필요한 것은〉(2004),	〈한국 기업의 운명을 바꿀 21세기 미래 경영〉(2000), 〈재벌, 과연 위기의 주범인가〉(2000)	〈당당한 아름다움〉(2008), 〈인생기출문제집〉(2009), 〈심상정, 이상 혹은 현실〉(2010), 〈내가 걸은 만큼만 내 인생이다〉(2011),

	문재인	홍준표	안철수	유승민	심상정
저서	〈그 남자, 문재인 : 함께 만드는 세상〉(2012), 〈1219 끝이 시작이다〉(2013), 〈대한민국이 묻는다〉(2017), 〈운명에서 희망으로〉(2017)	〈홍준표가 답하다〉(2017)	〈인생기출문제집〉(2009), 〈안철수 경영의 원칙〉(2011), 〈안철수의 생각〉(2012)		〈인생에서 조금 더 일찍 알았더라면 좋았을 것들〉(2011), 〈그대 아직도 부자를 꿈꾸는가〉(2011), 〈실패로부터 배운다는 것〉(2013)
경력 사항	법무법인 부산 대표변호사, 청와대 민정수석·시민사회수석, 대통령 비서실장, 남북정상회담추진위원장, (재)노무현재단 이사장, 19대 부산사상구 국회의원, 새정치민주연합 대표, 더불어민주당 대표	서울지검 검사, 15대·16대·17대·18대 국회의원, 국회 환경노동위원회 위원장, 한나라당 원내대표, 한나라당 대표 최고의원, 대한태권도협회 회장, 35대·36대 경남도지사	안철수연구소 대표이사, 포스코 사외이사, 카이스트 기술경영전문대학원 석좌교수, 아름다운재단 이사, 새정치민주연합 공동대표, 국민의당 공동대표	한국개발연구원 선임연구원, 여의도연구소장, 한림대학교 연구교수, 한나라당 최고의원, 새누리당 원내대표	25년간 노동운동, 서울노동운동연합 중앙위원장, 전국금속노조 사무처장, 민주노동당 비대위 대표, 진보신당 공동대표, 정의당 원내대표, 17대·18대·19대 국회의원
군대 경험	육군병장(제1공수특전여단) 만기제대	단기사병	해군 군의관 대위 제대	육군병장 만기제대	해당 없음
전과 여부	1975년 집회 및 시위에 관한 법률 위반(징역 8개월, 집행유예 1년), 2004년 국회에서의 증언 감정 등에 관한 법률 위반(벌금 200만원)	1999년 선거법 위반(벌금 500만원)	없음	없음	1993년 폭력행위 등 처벌에 관한 법률 위반(징역 1년, 집행유예 2년), 2003년 일반교통방해 집회 및 시위에 관한 법률 위반(벌금 100만원)

	문재인	홍준표	안철수	유승민	심상정
성격	꼼꼼함, 깐깐함, 철저한 원칙주의자, 겸손함, 정직함, 공명정대, 이성적, 책임감, 리더십, 정의로움, 청렴함	솔직함, 단순함, 실무적, 계산적, 성실함, 저돌적	부드러운 카리스마, 내향성 과묵형, 청렴결백, 개혁가, 신중함, 우유부단함	신지함, 계산적, 꼼꼼함, 깐깐함, 소탈함	밝고 소탈함, 주관이 뚜렷함, 정의로움, 청렴함, 강직함, 긍정적
주변 사람들의 평가	젠틀맨, 흠잡을 곳 없는 사람, 겉과 속이 같은 사람, 정치적 꼼수나 권모술수를 모름, 권위주의 의식이 없음, 사사로운 이익을 챙기지 않는 청렴한 사람, 약속은 꼭 지키는 사람, 차분하고 안정감 있는 사람, 본받을 것이 많은 사람	철저하고 계산적인 사람, 정치권의 풍운아, 저격수 기질을 갖고 있는 사람	뚝심 있고 철학이 있는 사람, 소통이 미흡함, 속을 잘 보이지 않는 사람, 똑똑하고 많은 생각과 고민을 하는 사람	잠재력이 높다, 괜찮은 정치인, 장점이 많이 알려지지 않아서 아쉽다, 자기 철학과 노선이 확실한 사람, 전략과 정책을 모두 갖고 있는 유망주, 자기 소신이 강한 사람	약자의 권익을 위해 열심히 노력, 소통은 미흡, 진보성과 대중성을 함께 지닌 사람, 예전보다 원숙하고 여유가 생긴 정치인이 됨
참모들의 특징	김경수, 고민정, 손혜원, 김병관, 조응천, 최재성, 오거돈, 정경진, 조윤제, 양향자, 송영길, 정청래 등 내부조직(정책, 정무, 공보)과 외부조직이 일심동체의 마음으로 각자의 자리에서 제 역할을 다함	윤한홍, 이주영, 이종혁, 오태완, 정장주, 강남훈, 심재득, 조진래 등 경남도청에서 홍준표를 보좌하던 측근들이 사직서를 제출하고 캠프에 합류	김경록, 박지원, 정기남, 이수봉, 박원암, 조영달 등 정책과 정무로 나누어 활동하며 2012~2013년 캠프 소속 인사들이 대거 포진함, 패기 있고 똑똑함	진수희, 이혜훈, 민현주, 김영우, 박정하 등(MB계열 사람들) 젊고 능력 있는 인재들로 조직적으로 운영 중	이정미, 추혜선, 김제남 등 여성과 노동을 중심으로 하는 공약 위주로 활동, 콘텐츠를 다양하게 활용, 참모진을 여성계·노동계 등으로 확대 개편 예정

	문재인	홍준표	안철수	유승민	심상정
참모들의 특징	젠틀하고 품격 넘치는 모습, 자신의 이익을 위해서가 아닌 오로지 정권교체를 위해서만 활동	각자가 하던 일을 중심으로 체계적으로 직무를 맡아 운영할 계획			
대선캠프 성향과 생각	문 후보에게 해가 될 행동이나 말은 삼가고 혹여나 실수를 할 경우 즉각 자진 퇴임, 상대의 공격에 바로 바로 대응하거나 공격적이지 않고 젠틀함, 항상 노심초사하는 자세로 캠프 운영	캠프가 형성된 지 얼마 되지 않아 특이 사항은 없음, 우파의 결집이라 생각하고 단합하려고 함, 친박을 품고 방향 잃은 보수의 표심을 얻기 위해 노력	이번 대선을 문-안 양자 대결이 될 것으로 생각하고 조직적으로 행동 중, 정권교체와 적폐청산을 주창하고 나서면 당선 가능성이 있다고 믿음, 상대 캠프에 대한 맹공격	유승민 대통령 만들기가 신념, 강력한 한방을 위해 노력, 홍준표와 대립하며 신경전을 벌이는 중	과감한 개혁을 할 수 있는 건 심상정과 정의당뿐이다, 국민과의 소통을 위해서 노력 중
후원·기부금 관련내용	국민의 자발적 후원-이틀 만에 7억원 돌파(후원자의 96%가 10만원 이하 후원)	현재 모집 중	본인 1,500억원 기부, 국회의원 후원금으로 1억 1,600여만원	국회의원 후원금 3억 7만원	국회의원 후원금 약 3억 483만원
정치 슬로건	더 준비된 문재인	서민 대통령 홍준표	대신할 수 없는 미래, 안철수	정의로운 세상! 용감한 개혁! 유승민	노동 있는 민주주의 심상정

(출처) 문재인 더불어민주당 홈페이지, 18대 대통령선거 선거공약서, 문재인 공식홈페이지, 위키백과, 중앙선거관리위원회, 정영진·최욱의 불금쇼, 썰전, 정청래·표창원 페이스북, 손혜원 페이스북, 중앙일보 기사(2017. 3. 5), 이데일리 기사(2017. 3. 17), 더문캠 관련 각종 기사, 경향신문 기사(2017. 3. 17) // 안철수 안철수 공식 홈페이지, 네이버도서, 국민의당 홈페이지, 중앙선거관리위원회, 무릎팍도사, 썰전, 《안철수의 생각》, 중앙일보 기사(2017. 3. 14), 월간조선 기사(2017. 4), 한경닷컴 기사(2017. 2. 28), 경향신문 기사(2017. 3. 17) // 홍준표 홍준표 공식 홈페이지, 네이버도서, 나무위키, 신동아 인터뷰 // 유승민 유승민 공식 홈페이지, 블로그, 네이버도서, 나무위키, 기획영상(왜 그들은 유승민을 두려워하는가), 경향신문 기사(2017. 3. 17), 뉴시스 기사(2017. 1. 31), 더팩트 기사(2017. 2. 18) // 심상정 정의당 홈페이지, 심상정 공식 홈페이지, 네이버도서, 중앙선거관리위원회, 한국일보 기사(2017. 3. 20), 경향신문 기사(2017. 3. 17), 여성신문 기사(2017. 3. 9)

참고로, 여기에 제시된 정보들은 언론에 보도되었거나 각 후보 진영에서 목적을 가지고 제시한 포장된 정보들이므로 100% 정확하다고 볼 수는 없다. 하지만 선택은 이런 정보에 기초하게 된다. 따라서 유권자들은 주어지는 정보 속에서 후보의 참모습을 보여주는 미묘한 단서(cue)를 포착해내야 한다. 이는 마치 완전 범죄를 저지른 피의자의 진술이나 행적 속에서 확실한 범죄의 단서를 캐내는 일과 같다.

〈표 8〉에 제시된 대통령 후보 종합진단 설문을 이용하여 대통령 후보들에 대해 평가해보자. 각 후보의 능력과 가치를 보여주는 다양한 단서들을 찾아 예측해야 한다.

객관적으로 평가했다면 점수가 제일 높은 후보가 최선의 선택이다.

| 표 8 | 대통령 후보들에 대한 종합 진단 |

1=전혀 아니다, 2=아니다, 3=보통이다, 4=그렇다, 5=매우 그렇다

요인	진단 항목	후보 (각 문항별로 후보마다 1~5의 숫자 표시)				
		문재인	홍준표	안철수	유승민	심상정
민주적 가치	1. 자유민주주의에 대한 확고한 신념을 가지고 있다.					
	2. 자본주의의 부작용을 민주적 가치에 입각하여 해결할 수 있는 역량을 가지고 있다.					
	3. 민주적 가치에 대한 신념은 대통령이 되어서도 변함이 없을 것이다.					
실용 지능	4. 현안들을 장악하여 창의적 해법을 제시한다.					
	5. 새로운 아이디어를 구상하여 실천한 경험이 많다.					
	6. 장애물에 직면했을 때 회피하지 않고 집요하게 노력하여 극복한다.					
포용 욕구	7. 편안하게 사람들에게 먼저 접근하여 대화하는 것을 좋아한다.					
	8. 숨기려고 하기보다 공유하려 한다.					
	9. 다른 사람의 비판을 수용할 줄 안다.					
생산적 에너지	10. 항상 정의의 편에 서기 위해 자신을 되돌아보고 성찰한다.					
	11. 국민의 난제를 해결하는 데 든든한 후원자가 된다.					
	12. 국부 창출 동력 향상을 위한 환경 조성에 매진한다.					

1장 왜 우리 대통령들은 모두 비참해졌나

인재 선발,
야구만큼만 하라

성공하는 CEO를 선택하는 법

CEO, 야구감독처럼 선발하라

항상 성공만 하는 리더는 없다. 프로야구의 김인식 감독은 400패 400승 야구론을 제시했다. 400패로부터 배운 것이 바탕이 되어 400승이 가능했다는 주장이다. 비결은 감독으로 400번 패하다 보니 선수 보는 눈이 생기더라는 것이다. 야구에서 강타자와 그렇지 않은 타자의 타율 차이는 고작 1할대에 불과하다. 3할대 강타자라 해도 언제 2할 혹은 1할대로 떨어질지 모른다. 김인식 감독은 선수들의 능력이 종이 한 장 차이라고 말한다. 그래서 감독은 선수 보는 안목이 필요하다.

감독이 팀의 승률을 높이려면 누가 컨디션이 좋은지, 작전을 가장 잘 수행할 선수가 누군지 평소에 잘 파악해두어야 한다.

한물간 선수라도 포기해서는 안 된다. 적절한 동기만 부여하면 젊은 선수 못지않은 기록을 낼 수 있다. 게다가 노장에게는 관록과 배짱이 있다. 또 야구에서는 모든 포지션에 최고의 선수를 배치한다고 해서 반드시 강팀이 되는 것은 아니다. 팀워크라는 케미스트리(chemistry)가 맞아야 한다. 전체가 조화를 이루어야 팀이 힘을 발휘할 수 있다.

기업이 야구에서 배워야 할 점

CEO는 기업에서 야구감독과 같은 존재다. 야구감독과 공통점이 의외로 많다. 우선 CEO 역시 감독처럼 자기 휘하의 직원 한 명 한 명을 잘 살펴야 적재적소에 사람을 쓸 수 있다. 한국 기업의 CEO는 프로야구 감독처럼 재임기간이 그리 길지 않다. 김응룡 감독처럼 20년 이상 사령탑을 지킨 감독이 있는가 하면 1년을 채 못 버틴 감독도 많다. 한국 프로야구 감독의 팀 평균 재임기간은 약 2년 6개월 정도다. 2014년에는 포스트시즌에 진출하지 못한 프로야구 5개팀 감독이 전원 교체되는 상황도 발생했다. 그럼 기업에서 CEO의 평균 재임기간은 어느 정도나 될까? 2013년 포춘 500대 기업 CEO 평균 재임기간은 4.6년이었다. 잭 웰치(Jack Welch)처럼 20년간 최고경영자로 재직한 경

누구를 리더로 세울 것인가

100

우도 있지만, 대부분 4년 전후로 기업을 떠난다. 한국의 CEO 역시 평균 재임기간이 3년이 채 안 된다. 그래서 야구감독과 CEO는 언제 깨질지 모를 유리잔에 비유된다.

선수 선발에서 야구는 오히려 기업보다 더 철저한 측면이 있다. 기업이 오히려 야구에서 배워야 할 점이다.

첫째, 야구에서는 선수와 감독이 친하다 해서 매 게임 주전으로 뛸 수 있는 것이 아니다. 감독과 동향이거나 같은 학교 출신이라고 해서 선수로 중용되는 경우는 드물다. 야구는 철저하게 통계에 의한 스포츠다. 반면에 기업 경영에서 경영자의 발탁에는 친분이 크게 작용한다. 기업을 가족으로 보는 관점이 강한 한국은 스킨십이 많은 경영자가 아무래도 후보 선발 과정에서 유리한 위치를 점하게 된다.

둘째, 야구에서는 슬럼프라는 것이 명확히 보이지만 기업에서는 그렇지 않다. 야구선수는 과거에 아무리 잘했어도 근래에 안타가 없으면 벤치에 앉게 된다. 반면에 경영자는 슬럼프에 빠진다 하더라도 쉽게 드러나지 않는다. 회사에서 큰 프로젝트는 수년간 진행되는 것이 보통인데, 그 과정에서 CEO 후보를 판단할 객관적 지표가 부족하다. CEO급으로 올라가도 경영 역량은 쉽게 검증되지 않는다. 그래서 성과보다 이미지가 CEO 선발에 크게 작용할 수 있다. 그래서 한국의 경영자는 항상 주변 사람들에게 좋은 인상을 심으려고 노력한다.

셋째, 야구에서는 외국인 선수든 내국인 선수든 선수 국적에 따른 신비감이란 존재하지 않는다. 미국 메이저리그에서 뛰었던 외국 선수라도 국내 리그에서 성과를 못내면 이름이 명단에서 당장 빠지게 된다. 반면에 기업 경영에서는 외국인 CEO를 모셔오면 내국인을 크게 뛰어넘는 업적을 낼 거라 기대한다. 글로벌로 나가려는 기업의 경우 막연히 기대가 더 크다.

감독과 CEO는 둘 다 조직에서 기여도가 큰 포지션이다. 특히 많은 직원을 지휘하는 CEO는 기업의 실패와 성공 모두에 기여도 '넘버 1'인 사람이다. CEO가 실패하고 회사가 성공하는 법은 없다. CEO는 오히려 회사 전체의 실패를 혼자 짊어져야 하는 존재다.

최선의 CEO 선발 노하우

CEO를 야구선수 선발하듯 할 수만 있다면 한국 기업은 실수를 크게 줄일 수 있을 것이다. 그러면 야구에서 선수 선발의 노하우를 빌려와보자.

첫째, 야구에서는 우수한 선수가 쉽게 드러나지만 기업에서는 오랜 기간을 두고 검증을 거듭해야 한다. 우선 CEO 후보를 평소 익숙하고 잘 아는 주변 인물들 중에서만 선정하면 안 된다. 리더의 파이프라인을 조직 내에 구축하고 반복해서 관찰하고 어려운 과업을 주어 시험해보아야 한다. 상당 기간 다양한 사업을 수행하다 보면 CEO 후보가 몇 할대 타자에 해당하는지 대략은 알 수 있다. 외부에서 CEO를 바로 영입하기 어려우면 평소 잠재력 있는 후보를 채용하여 내부 육성과 테스트를 진행해야 한다. 유능한 후보들로 조직 내부에 리더십 파이프라인을 준비하고 건강한 경쟁이 이루어지도록 해야 한다. 그들이 경쟁을 통해 발탁되는 구조가 회사를 지속적으로 성장시키는 기반이 된다.

둘째, 외국 선수나 타 구단 선수를 스카우트하는 프로야구처럼 기업 역시 CEO 후보의 풀을 가급적 확대해야 한다. GM은 2009년 내부 출신인 릭 와고너(Rick Wagoner)를 CEO으로 발탁했다가 1년도 안 되어 교체하고 역시 내부 출신인 프리츠 핸더슨(Fritz Henderson)을 CEO로 선출했으나, 2명의 CEO는 모두 GM에 새로운 방향을 제시하지 못했다. 이후 GM은 새로운 실험을 하게 된다. 이사회는 자동차산업과는 전혀 연관이 없었던 AT&T 출신의 에드 휘태커(Ed Whitacre)를 CEO로 선출했다. 휘태커는 부임 8개월 동안 조직을 슬림화하고 혁신적인 자동차 콘셉트를 확정했다. 기존의 경영진을 교체하여 더 젊고 혁신적인 경영진을 구축하는 데도 성공한다. 휘태커의 후임 CEO 역시 자동차산업과는 거리가 먼 분야 출신인 댄 액커슨(Dan Ack-

2장 인재 선발, 야구만큼만 하라

103

erson)을 선발했는데, 휘태커가 완성하지 못한 혁신 과정을 마무리하여 결국 GM의 경영을 정상 궤도에 올려놓는다.

이러한 사례는 외부 영입 CEO가 반드시 더 좋은 성과를 낸다는 사실을 말해주는 것이 아니다. 조직이 큰 변화와 혁신을 필요로 할 때는 굳이 내부에서 성장한 CEO만이 최선이 아님을 알려주는 것이다. 현재의 업종과 다른 이질적인 분야에서 새로운 관점과 시각을 제공해줄 수 있는 혁신적 인물을 찾을 수도 있다. 야구에서처럼 유능한 선수라면 외국 선수든 타 구단 선수든 가리지 않고 영입하여 최선의 팀 분위기를 만들어낼 수 있어야 한다.

경력은 과거일 뿐!
CEO 선발에 실패하는 3가지 방식

기업들이 CEO를 선발하는 과정에서 흔히 범하는 실수가 있다. 유형을 나누어보면 크게 다음의 3가지로 정리할 수 있다.

첫째는 CEO 선발에 친분이 작용하는 경우다. 평소 가깝고 잘 아는 인물들을 CEO 후보로 고려하는 '친분형 선발'이다. 둘째는 같은 회사에서 줄곧 성장하고 과거에 성과를 낸 후보자를 차기 CEO로 선발하는 경력형 선발이다. 셋째는 외국 기업이나 업계에서 명성이 높은 경영자를 제대로 검증하지 않고 모셔오는 신비형 선발이다.

미래를 어둡게 하는 폐쇄적 선발 시스템

친분형 선발은 객관적 성과보다 인간관계가 우선시된다는 단점이 있다. 또한 성과를 냉철하게 고려하지 않은 나머지 진짜 인재를 놓칠 위험성까지 있다. 친분형 선발은 후보가 주변 사람들로 압축되기 때문에 인재의 풀 역시 협소한 편이다.

한국에서 친분형 선발은 학연과 지연의 영향력이 크게 작용한다. 같은 학교 출신끼리 선후배 관계가 형성되면 서로 끌어주는 친분관계로 발전되고 이후 경력 상승에 큰 영향으로 작용한다. 대기업의 경영진을 보면 '그 회사에는 어느 대학 출신이 더 많더라'는 소문이 나도는 경우가 많다. 이런 관행이 점차 줄어들고는 있으나, 경영진이 출신 학교가 아니라 역량에 따라 구성되었는지 때때로 자문해보아야 한다.

한편 경력형 선발은 과거의 성과를 중시하기 때문에 과거 지향적이라는 점이 큰 문제다. 특히 산업이 재편되고 게임의 룰이 바뀔 때 기대를 충족시키지 못한다. 새로운 사업으로 진출하지 않으면 회사가 살아남기 어려울 때 경력형 선발은 자칫 회사의 생명을 단축시킬지 모른다.

한국의 대기업들은 대부분 폐쇄적인 CEO 발탁 시스템을 가지고 있다. 대체로 공채기수 순으로 선발하는 경우가 흔하다. 그래서 해당 분야에서는 경험이 많으나 외부 환경에 대한 시야가 협소한 편이다. 회사의 큰 형님으로 존경을 받지만, 막상 혁신의 칼을 들기는 어렵다. 그동안 쌓은 인간관계로 인해 과감하게 문제를 도려낼 수 없기 때문이다. 이런 이유로 경력형과 친분형 선발로는 환경 변화에 적응하기 어렵다.

혁신의 주인공은 어디에?

IBM은 전통적으로 내부에서 CEO를 선발해왔다. 그러나 정작 IBM을 혁신시킨 주인공은 외부에서 영입한 루 거스너(Lou Gerstner)였다. 최근에는 지멘스(Siemens), 쓰리엠(3M), 위글리(Wrigley) 같은 기업들에서도 과거의 전통을 버리고 외부에서 CEO를 영입하는 실험을 하고 있다. 물론 외부에서 CEO를 영입한다고 모두 성공하는 것은 아니다. 인재를 보는 눈이 없으면 신비형 선발로 실패하게 되는 경우가 많다. 한국 기업들도 글로벌화를 거치면서 외국인 경영자를 선발하여 경영을 맡기는 경우가 많아졌다. 그러나 아직은 절반의 성공이 아닌가 싶다. 소통의 부재, 한국 문화를 고려하지 않는 의사결정 등이 실패의 원인으로 지적된다. 신비형 선발은 회사의 독특한 상황을 고려하지 않고 무조건 외국인이나 명망 있는 경영자를 모셔온다는 점에서 검증을 제대로 하지 않은 선발이 되기 쉽다. 경영에서 신비주의는 오래 가지 못한다.

친분형, 경력형, 신비형 CEO 선발에 대해 좀 더 상세하게 알아보자.

나와 잘 아는 사람이 일도 잘 할까?

친분형 선발

한국인의 리더십은 '인연'과 '온정'이 특징이다. 오래도록 한 직장에서 근무했던 사람들은 일종의 동지애를 형성하게 된다. 불교의 연기설(緣起說)처럼 서로 인연을 중시하고 같이 보낸 기억들로 관계를 공고히 한다. 그러면서 회사는 인간관계로 연결된 건축물과 같아진다. 인연은 곧 온정으로 이어지고, 온정이 쌓이며 회사는 하나의 작은 사회적 공동체가 된다. 그리고 회사라는 공동체에서 지위가 올라가고 그중에서 CEO가 탄생한다. CEO는 사업을 책임지는 기업가이기 전에 회사 내에서 가장 큰 형님 혹은 회사의 기둥인 어른이다. 한국에서 CEO는 엄격하지만 동시에 구성원을 따뜻하게 배려할 줄 알아야 한다.

이것이 인연, 온정, 배려가 한국 CEO의 가장 중요한 덕목이 된 배경이다. 한국의 CEO는 인연과 온정으로 연결된 공동체의 수장이다.

코드만 맞추는 팔로워를 멀리하라

리더십 전문가인 백기복 국민대 경영학부 교수는 한국의 대기업과 중소기업 관리자 2,000명을 조사한 후 한국적 리더십의 특징을 추출했다. 한국적 리더의 이미지가 무엇인지 분석한 것이다. 그에 따르면, 한국의 기업가는 어떤 일이라도 극복해내는 자기 긍정과 열망이 놀랍다. 아무것도 없이 맨땅에 헤딩하던 경제개발 시절의 정주영, 이병철, 박태준 같은 탁월한 기업가들이 그랬다. 그들은 오늘날 전설로 남아 있다. 그러나 대부분의 전문경영인들은 동료들과 모나지 않는 인간관계로 오늘의 자리까지 올라온 사람들이다. 한국과 같이 유교적이고 공동체적인 문화에서 개인주의자는 회사에서 중용될 수 없었다.

하지만 이 같은 가족주의는 사람을 냉정하게 평가하고 중용하는 데 걸림돌이 되었다. 흥미로운 것은 가족주의가 부모자식 관계를 회사에 적용하면서 매우 수직적인 상하관계를 만들어냈다는 점이다. 네덜란드의 경영 컨설턴트 폰스 트롬페나스

누구를 리더로 세울 것인가

(Fons Trompenaars)는 가족주의가 강할수록 수직적 문화가 형성되는 경향이 높고, 반대로 개인주의 문화일수록 수평적 문화가 형성되는 경향이 있다고 말한다. 수직적 상하관계는 일사불란함과 헌신적 기여를 강조하지만, 윗사람 눈치 보기, 코드 맞추기 같은 다른 얼굴을 가지고 있다.

백 교수는 한국적 리더십의 특징으로 '상향 적응'을 꼽는다. 상사의 의중을 살펴 무조건적으로 동의하고 공감해주는 팔로워십을 일컫는다. 이런 상태에서는 경영이 잘못되어가는 징후가 곳곳에서 감지되어도 CEO에게 직언할 직원을 찾기 어렵다.

한 회사의 미래를 감당할 CEO 후보는 무엇보다 자신의 관찰과 의견을 상사에게 말할 용기가 있어야 한다. 경영 현실이 예측하기 힘들수록 매 순간 위험을 알려주는 조기경보기가 되어야 한다. 회사도 그런 인물을 발탁해야 한다. 상사의 코드에만 맞추는 해바라기 같은 팔로워는 멀리해야 한다.

한국식 주군 섬기기의 명암

한국에서 리더는 유교의 군자에 비유되기도 한다. 조선시대 선비들이 강조한 지행일치(知行一致)를 한국적 리더십의 이데아로 제시하기도 한다. 과거에 선비는 수기치인(修己治人)을 근본

2장 인재 선발 야구만큼만 하라

으로 삼아 자신의 인격을 연마한 후 세상을 통치하는 것을 올바른 순서라 여겼다.

선비가 통치하는 세상은 어떠할까? 유교 문화가 극성했던 조선은 수직적 상하관계가 엄격한 신분사회였다. 임금을 기점으로 사농공상의 구분이 명확하고 상당수의 백성이 노비 신분에 있었다. 전체 인구에서 노비의 비중이 15세기 30%에서 17세기에는 50%가 넘는 수준에 이르렀다. 조선시대가 이러한 노비제도에 기반을 두었다는 점은 선비 통치의 어두운 단면이다. 유교적 수직성을 한국적 리더십의 단면으로 선뜻 받아들이기 어려운 이유가 여기에 있다. 게다가 경영을 둘러싼 오늘날의 환경은 유교적 리더십과 조화를 이루지 못할 때가 많다. 속도의 시대에 윗사람의 지시나 결정만을 기다리다가는 낭패를 보기 십상이다. 한 예로, 호텔의 직원은 고객들의 요구에 즉각즉각 대응해야 한다. 그렇지 않으면 고객의 불만이 어느덧 SNS를 타고 인터넷 공간으로 퍼져나가게 된다. 그뿐만이 아니다. 경영자도 해외 지사에서 일어나는 일들에 바로바로 대처해야 한다.

이처럼 현대의 경영은 최대한 수평적 관계에서 신속히 이루어져야 한다. 의사결정의 계층을 가급적 줄여 현장에 권한을 부여하고 뒤에서 결정하는 상사의 수는 꾸준히 줄여나가야 한다. 실리콘밸리에서는 계층이 2개밖에 존재하지 않는 회사도 있다. 사장 그리고 나머지 직원이 계층의 전부다. '에어 샌드위치(air sandwich)'라는 용어가 있다. 경영자와 말단직원 간의 거리를 뜻하는 용어다. 최근 실리콘밸리의 기업들은 에어 샌드위치를 줄여나가는 것을 경영 혁신이라고 말한다.

전체 직원 중 회사의 비전과 전략을 이해하는 직원은 5%에 불과하다는 조사 결과가 있다. 회사가 커지면 '이 일은 내 소관이 아니다'라고 생각하는 직원의 수가 증가하게 된다. 원활한 소통과 신속한 결정이 더욱 중요해질 수밖에 없다. 야후의 머리사 메이어(Marisa A. Mayor)가 범한 가장 큰 실수는 일방통행식 경영이었다고 한다. 자신의 의견이 무조건 정답이라는 방식은 이제 통하지 않는 세상이 되었다.

유교적 리더십, 선비 리더십이 더 이상 새로운 패러다임을 주도할 수 없는 이유는 수직적 관계 속의 일방통행식 리더십이 효과적이지 않기 때문이다.

모범형 팔로워는 누구인가?

상사 코드 맞추기와 주군 섬기기 같은 팔로워십은 조직 성장에 크게 기여하지 못한다는 비판이 있다. 팔로워가 상사의 의견에 따라 일을 추진하는 것이 당연하지만, 코드 맞추기에만 골몰하면 문제가 커진다.

그렇다면 오늘의 기업이 필요로 하는 팔로워는 누구일까? 모범형 팔로워의 개념이 변하고 있다. 무엇보다 균형 잡힌 팔로워여야 한다. 상사의 의견에 공감하고 상사를 지원하면서 필요할 때 독립적이고 창의적인 의견을 제시할 줄 아는 팔로워여야 한다. 미국의 로버트 켈리(Robert Kelley) 카네기멜론대 교수는 상사에게 무조건적으로 순응하는 부하를 잘못된 팔로워로 규정했다. 모범형 팔로워는 비판적 사고를 기르고 필요할 때 그것을 사용할 수 있는 담력을 가지고 있어야 한다. 상사와 다른 의견을 내는 두려움을 이겨내고 리더로부터 독립할 수 있는 힘을 길러나가는 것이 모범형 팔로워십이다.

순응형 팔로워가 아닌 모범형 팔로워 중에서 CEO 후보를 물색해야 한다. 코드 맞추기나 선비 같은 고결함도 나쁘다고만 할 수 없지만, CEO 후보는 혁신적 생각을 담고 있는 자기만의 색채를 상실해서는 안 된다.

친분형 선발에 대한 대책

익숙할수록 더 검증하라

도전적 목표를 한 번 정도 달성하는 것은 가능하다. 그러나 두 번이고 세 번이고 계속해서 성공하기는 어렵다. 만약 성공이 계속 이어진다면 그건 환경 때문이 아니라 목표를 수행하는 개인의 실력 때문이라고 말할 수 있다.

경영학에 귀인 이론(attribution theory)이라는 것이 있다. 원인을 찾는 방법에 관한 이론이다. 귀인 이론에 의하면, 환경이 변함에도 불구하고 연속해서 성공적 결과를 내는 경우엔 환경이 아니라 사람에게 그 원인이 있다는 것이다. 그렇기 때문에 환경을 바꾸어 인재를 검증하는 것은 너무도 당연하고 필수적인 작업이다.

GE는 정교한 후계자 승계 계획으로 유명한 기업이다. 특히 GE의 세션 C(Session C)라는 과정은 인재 발탁의 고전적 사례가 되고 있다. 세션 C의 요체는 조기 발탁과 반복적인 토너먼트식 검증 절차에 있다. 우수한 인재를 조기에 발탁해서 도전적 사업을 반복해서 맡기는 방식이다. 토너먼트식으로 검증하여 인재를 그룹 내에서 선별해나가는데, 토너먼트에서 탈락하면 도전적 과제를 부여받지 못한다. 성과 창출 능력뿐만 아니라 후보의 가치관까지 평가한다. 세션 C에서 간추려진 인재들은 CEO 후보군으로 연결된다. 현재 GE의 수장인 제프리 이멜트(Jeffrey Immelt) 역시 7년간 23명의 내부 인물과 경쟁한 끝에 지금의 사령탑에 앉게 되었다. 이멜트는 회장이 된 후에도 이사회를 통해 실적을 평가받고 연임 여부가 결정된다.

세 번 연속 성공의 이유

사업 성공 확률 측면에서 보면 벤처기업이 대기업보다 낮은 편이다. 국내 벤처기업들 중 코스닥에 상장된 기업은 약 400여 개에 이른다. 2017년 현재 벤처로 등록된 회사가 1만 개 정도인데, 성공적이라 평가받는 벤처는 약 200여 개로 2% 정도에 불과하다. 벤처는 신기술사업이 전체의 71%, 연구개발사업이 16%로 신기술사업이 주를 이룬다. 이 가운데 세계 수준의 기술을 보유하고 연매출이 1,000억 원 이상인 벤처는 10여 개에 불과하다. 확률로는 0.1%다. 그래서 벤처기업의 성공 확률은 연예인이나 가수 지망생이 대박나기보다도 어렵다고 한다. 미국의 경우도 상황은 마찬가지다. 마크 안드레센(Marc Andreessen) 벤처캐피탈에 의하면, 스타트업 3,000개 중 실제 성공하는 경우는 1~2개에 불과하다고 한다. 성공 확률이 0.03% 정도인 것이다.

이런 환경에서 스타트업을 3회 이상 성공적으로 일군 CEO도 있다. 미국의 신발 온라인 유통회사 자포스(Zappos)의 CEO 토니 셰(Tony Hsieh)다. 그는 1996년 인터넷에 배너광고를 올리는 링크익스체인지(LinkExchange)라는 스타트업을 창업했다. 1998년 링크익스체인지는 회원수가 40만, 매일 올리는 배너광고가 500만 개에 달하게 되었다. 대성공이었다. 곧이어 마이크로소프트에 인수되었는데, 토니 셰의 창업은 여기서 끝나지 않았다. 1999년 벤처 프로그(Venture Frog)라는 벤처투자회사를 공동으로 설립하고 이어서 자포스를 창업했다. 자포스는 성공 신화를 써가다가 2009년 1억 달러의 금액을 받고 아마존에 인수되었다.

토니 셰가 0.03%의 스타트업 성공 확률을 뚫고 세 번이나 연속해서 성공하게 된 이유는 어디에 있을까? 여러 이유가 있겠지만, 분명한 점은 환경보다 사람이라는 것이다. 그는 자신의 성공 이유를 다음과 같이 말한다.

"나는 직원이 창의적이고 자신의 색깔을 지키도록 도와줍니다. 새로운 아이디어를 내고 그걸 실행하도록 격려해주는 것이 중요해요."

역량을 시험하라

CEO 후보는 도전 과제를 효과적으로 해결하는 역량을 가진 인재여야 한다. 적대적인 시장 환경에 대응하여 절묘한 한 수를 둘 수 있는 전략적 사고와 다양한 이해관계자들을 설득해서 내 편으로 끌어들이고 연합전선을 펼 수 있는 설득 능력이 필수적이다.

도전 과제의 핵심 특징은 문제의 비정형성에 있다. 해법이 이미 알려져 있거나, 시장의 우월한 지위를 이용하여 자금과 물량을 쏟아부어 해결할 수 있다면 도전적인 과제로 볼 수 없다.

미국의 마이클 멈포드(Michael D. Mumford) 오클라호마대 교수는 리더의 후천적 역량으로 3가지가 중요하다고 했다. 첫째는 비정형적 문제를 해결하는 역량, 둘째는 사회적 관계를 관리하는 역량, 셋째는 전문적 지식이다. 이 중에서 비정형적 문제는 해법을 찾는 방법이 알려지지 않은 일종의 퍼즐 같은 문제를 말한다. 과거의 경험보다 새로운 관점이 필요한 문제를 말한다. 사업 환경이 돌발적으로 변하면 비정형적 문제를 풀어나가는 리더의 능력이 그 어느 때보다 중요해진다. 비정형적 문제를 풀어가는 능력은 지식이나 경험에 앞서 문제를 정확히 정의하고, 다양한 정보를 수집하며, 복수의 관점에서 해결안을 도출하는 것이다.

CEO는 비정형성이 큰 문제를 다룰 줄 알아야 한다. 대표적인 경영자가 아마존의 제프 베조스(Jeff Bezos)다. 그는 흙수저 CEO로 잘 알려져 있다. 어머니가 17살에 제프를 낳았고, 제프가 4살 되던 해 쿠바 난민 출신인 마이크 베조스와 결혼하여 가정을 꾸렸다. 제프는 고등학생 때까지 조부모의 텍사스 농장에서 일을 하고, 맥도날드에서 아르바이트로 생활했다. 어려운 삶이었다. 하지만 그에게는 꿈이 있었다. 어려서부터 꿈꿔온 우주선 발사였다. 그 꿈은 현재 우주탐험업체인 블루 오리진에서 구현되고 있다. 제프는 프린스턴대 재학 시절에 창업을 하고 헤지펀드에서 일자리를 구하기도 했다. 그가 오늘에 이른 것은 온라인서점 아마존 때문이다. 현재 아마존의 사업 영역은 실로 다양하다. 서적으로 시작한 아마존은 전자상거래 전반으로, 다시 클라우드 시장의 1인자로, 뉴스미디어와 디지털콘텐츠사업으로 확장일로에 있다. 일부에서 무리한 사업 확장이라는 비판을 받고 있지만, 그는 익숙하지 않은 비정형적 문제를 풀어내듯 이질적이고 다양한 분야로 사업을 확장하고 있다.

제프 베조스는 아마존 초창기에 하버드경영대학원 초청 강연에서 학생들에게 엉뚱한 질문을 던졌다.

"맨홀 뚜껑은 왜 동그란가요?"

정답은 '맨홀 뚜껑이 구멍에 빠지는 것을 방지하기 위한 것'이다. 다른 모양으로 만들면 놓은 방향을 달리했을 때 빠뜨리기 쉽다.

그처럼 비정형적 문제를 풀 수 있으면 유능한 CEO가 될 수 있다.

전에 잘했으니 이번에도 잘하겠지

경력형 선발

조직의 운명이 CEO의 변신 능력에 따라 결정되는 경우가 있다. 변신은 과거를 과감하게 포기하는 데서 시작한다. 그것도 경쟁자보다 더 빨리 포기하고 더 빨리 시작할 줄 알아야 한다. 적절한 타이밍도 중요하다.

후지와 파이어스톤의 운명을 결정한 것

후지는 카메라필름을 생산하던 기업이다. 그러다가 디지털카메라의 등장으로 회사가 어려워지자 방향을 바꾸어 화장품, 의

약품, 반도체용 재료 분야로 진출했다. 고모리 시게타케 회장의 결단과 직원들의 호응으로 변신을 시도한 것이다. 그리고 그 변신은 멋지게 성공했다. 변화의 물결은 항상 예상보다 빨리 닥쳐온다. 고모리 회장은 기업이 위기를 극복하려면 CEO가 4가지를 고민해야 한다고 말한다.

첫째, 변화를 읽어야 한다. 둘째, 어디로 갈지 구상해야 한다. 셋째, 위기를 조직의 구석구석까지 전파해야 한다. 넷째, 결단한 것을 철저하게 실행해야 한다. 당연한 말 같지만 CEO가 이를 실천하기란 쉬운 일이 아니다.

잘나가는 글로벌 기업들 중에서 변화를 알고도 혁신하지 못한 기업이 많다. 이렇게 알면서도 혁신하지 못하는 현상을 일컫는 용어까지 나왔다. '활동성 무력감(active inertia)'이라는 용어다. 위기 극복을 위해 발버둥치지만 실행력이 약해 혁신에 진전이 없는 상태를 말한다.

미국의 파이어스톤타이어는 활동성 무력감으로 실패한 대표적 사례다. 프랑스의 미셰린이 혁신적인 타이어를 개발한 후에도 10년 넘게 실효적 대응을 하지 못하다가 결국 다른 회사에 넘어가는 운명을 맞이하고 말았다. 미셰린이 개발한 타이어는 수명이 길고 접지력이 뛰어나 파이어스톤타이어보다 월등한 품질을 자랑하고 있었다. 그런데도 파이어스톤타이어는 미국의 자동차 3사에 타이어를 공급하는 독점적 위치에 있어 대서양 건너편의 강력한 경쟁자를 대수롭게 여기지 않았다. 안방은 자기 차지라면 마음을 놓고 있었던 것이다. 하지만 아니었다. 1972년 포드자동차가 프랑스 제품으로 타이어를 교체하기 시작하면서 파이어스톤에 본격적 위기가 닥쳤다. 공장 가동률이 바로 절반 수준으로 떨어졌고 매출 감소가 이어지면서 결국 1988년 일본의 브릿지스톤의 손에 넘어가게 되었다.

하버드대학의 경영학자들은 파이어스톤이 미셰린의 기술 혁신을 극복하지 못한 것이 아니라 적기에 대응하지 않았기 때문이라고 분석했다. 충분한 자금력과 기술을 보유하고 있었음에도 제때 혁신하지 못함으로써 시장에서 퇴출되는 운명을 자초한 셈이다.

파이어스톤의 사례는 과거의 성공이 미래의 성공을 보장하지 않는다는 교훈을 전해준다. 코닥과 후지, 노키아와 애플의 운명이 서로 엇갈린 것에서도 이를 확인할 수 있다. CEO 후보의 성공 경험은 중요하지만 그것을 과신해서는 안 된다.

성공으로 오만해진 후보를 경계하라

일명 카리스마 있는 리더들 중에 큰 성공을 거둔 경우가 많다. 카리스마는 평범한 사람들이 성취할 수 없는 것을 이루었을 때 생긴다. 그래서 '영웅적 리더십'이라고 말하기도 한다. 영향력을 극대화하는 데 필수적인 요소로 통한다.

카리스마는 그리스어로 '신이 주신 재능'이란 뜻이다. 본래 종교적 인물을 묘사하는 데 사용되어왔는데, 독일의 조직이론가 막스 베버(Max Weber. 영어로는 막스 웨버)가 사회과학에서 처음으로 쓰기 시작하면서 널리 쓰이게 되었다. 막스 베버는 카리스마 리더의 특징을 사명, 비범한 성과, 추종자의 열렬한 헌신으로 정리했다. 카리스마 리더는 추종자들의 간절한 욕망을 사명과 비전으로 만들어 전파한다. 또한 추종자들의 욕망을 실제로 구현해 보임으로써 비범한 성과를 냈다고 인정받는다. 비전과 사명, 그리고 이를 구현한 사례가 축적되면 더 많은 추종자가 생긴다. 결과적으로 카리스마 리더는 추종자들의 열렬한 헌신을 얻게 된다.

그러나 카리스마 리더의 성공은 무한정 반복되지 않는다. 그러면 이미지를 포장하고 대중의 눈을 속이게 된다. 과거의 성공을 신화화하는 작업도 서슴지 않는다. 그 과정에서 더욱 오만해지고 겸손함을 잃어버리게 된다. 미국의 경영이론가 짐 콜린스(Jim Collins)는 《좋은 기업에서 위대한 기업으로》라는 책에서 장수 기업의 최고경영자들이 겸손이라는 덕목을 특별히 강조하고 있음을 발견했다. 그는 직책이 올라갈수록 리더십이 유능함에서 겸손과 자부심으로 변화되어야 한다고 주장한다. 과거의 성공에 자만하지 않는 것이 리더가 롱런하는 비결이라는 것이다.

CEO는 자신의 역량에만 만족해서는 안 된다. 자부심을 가지되 겸손이라는 덕목을 결합해야 한다. 자부심이 클수록 겸손하기 힘들어지지만, 뛰어난 경영자는 자부심과 겸손 간의 갈등을 조화롭게 절충한다. 카리스마 있는 리더가 실패하는 경우도 알고 보면 자부심이 겸손보다 지나쳤기 때문일 경우가 많다. 겸손을 체화하지 못한 자부심이 양날의 검이 되어 자신을 해치고 조직도 위험에 빠뜨리는 것이다.

일본 도시바의 니시무로 다이조 회장은 10년간 도시바를 경영하며 강력한 카리스마를 발휘했다. 그런데 최근 7년간의 수익 상황을 은폐한 회계부정 사건으로 침몰 중이다. 카리스마 리더 주변에 '예스맨'이 많다는 우려가 현실화된 것이다. 카리스마 리더는 자부심이 너무 강해 잘못을 은폐하는 경우가 많다. 도시바에서도 사업부들이 분식회계를 이용해 이익을 부풀릴 때 회사의 감사 기능이 정상적으로 작동하지 못했다.

프랑스 인시아드(ISEAD) 경영대학원의 케츠 드 브리스(Kets De Vries) 교수는 카리스마 리더들이 워낙 자기주장이 강하고 일방적으로 조직을 운영하려 하기 때문에 조직을 큰 위험에 빠뜨릴 수 있다고 경고한다.

성공으로 인정을 받은 카리스마 리더가 실패하는 원인은 다양하다. 카리스마 리더들에 대한 연구 결과들을 종합하면, 크게 2가지를 들 수 있다.

첫째, 카리스마 리더는 유연성이 부족하다. 너무 큰 비전을 한 번에 이루려 하거나 시장 상황이 변해도 자신의 비전을 밀고 나가려고 하기 때문이다. 그러나 환경이 변하면 비전 역시 수정할 줄 알아야 한다. 조선업과 자동차산업을 일으킨 정주영 회장이나 불모지에서 반도체사업을 성장시킨 이병철 회장이 인터넷사업 분야에서 동일한 리더십을 발휘한다면 어떻게 될까? 인터넷사업은 밀어붙이는 실행력으로 성공할 수 있는 분야가 아니다. 독창적인 아이디어와 글로벌 동향에 민감하게 대응해나가는 섬세함이 필요하다. 현대의 경영은 추진력과 유연성 모두를 필요로 한다.

둘째, 카리스마 리더는 과거의 성공 패러다임에서 쉽게 탈출하지 못한다. 요즘처럼 비즈니스모델의 라이프사이클이 갈수록 짧아지는 시대에는 성공 방식도 일시적으로 유효할 뿐이다. SNS의 발달로 소비자들이 한 곳에 머물지 않기 때문이다. 더 좋은 제품과 서비스를 찾아 트위터에서 페이스북으로, 다시 유튜브로 옮겨다닌다. 시장이 그렇듯, 어제의 리더가 내일의 탈락자가 되기 쉬운 세상이 되었다. 그에 따라 시대가 원하는 리더의 상도 달라지고 있다. 남성적이고 중후한 느낌에서 점차 중성적으로 변화되고 있다. 남성의 추진력과 여성의 자상함이 융합된, 편안하고 소탈하게 다가가는 공감 능력이 뛰어난, 자신이 부족하면 언제든 손을 내밀 수 있는 겸손함을 갖춘 리더를 필요로 하고 있다.

4차 산업혁명이 원하는 CEO의 자질

게임의 룰이 바뀌고 있다. 그것도 아주 획기적으로 바뀌고 있다. 우리는 지금 4차 산업혁명으로 들어가는 길목에 있다. 1차 산업혁명은 증기기관의 발명에서 시작되었고, 2차 산업혁명은 전기와 대량생산 체제의 등장으로, 3차 혁명은 컴퓨터를 통한 자동화로 출발했다. 4차 산업혁명의 모습은 아직 명확하지 않다. 다만, 사물인터넷, 인공지능, 빅데이터, 컴퓨터센서 등이 결합된 새로운 생산 방식이라는 전망이 우세하다.

기업들도 4차 산업혁명에 대비한 미래 계획을 속속 세우고 있다. 글로벌 기업인 GE는 2020년까지 모든 사업의 디지털화를 완성하겠다는 계획을 세웠다. GE는 GE디지털을 별도로 설립하고 발전플랜트 공정을 디지털화하고 있다. GE헬스케어는 클라우드와 앱 기반의 소프트웨어를 개발하여 앱을 통해 각종 질병을 진단하는 실험을 진행 중이다.

그에 비해 한국은 한참 뒤처져 있다. OECD의 연구보고서에 의하면, 자동화 기술이 고용에 미치는 영향이 OECD 국가들 중 최하위로 나타난다. 스위스금융그룹이 발표한 4차 산업혁명 순위를 보더라도 한국은 25위에 위치하고 있다. 여전히 자동화보다는 사람의 노동에 의존하는 정도가 높은 국가에 머물러 있다. 보다 못해 서울대학교 공과대학 교수들이 한국 산업의 위기를 진단한 《축적의 시간》이란 책을 집필했다. TV, 조선, 자동차 등이 중국에 추월당한 이후의 한국을 걱정하고 있다. 교수들은 한국이 시행착오를 거치더라도 신기술과 창조적 역량을 축적해야 한다고 강조한다. 이런 주장이 한국의 CEO들이 아닌 교수들의 입에서 나온 것에 주목할 필요가 있다. CEO에게 가장 중요한 역량이 비즈니스의 미래를 예측할 수 있는 통찰력인데 말이다.

그런 면에서 테슬라(Tesla)의 CEO 일론 머스크(Elon Musk)를 참고할 필요가 있다. 테슬라는 이미 시가총액에서 포드를 넘어섰다. 14년밖에 안 된 전기차회사가 114년 역사의 포드를 추월한 것이다. 테슬라는 2016년 70억 달러 매출에 7억 달러의 적자를 보았지만, 시장에서 미래 가치를 높게 평가받고 있다. 머스크는 미래 산업에 대한 투자에 과감한 CEO다. 테슬라에서 이익이 나기 시작하면 '스페이스X'라는 우주개발업체에 투자할 예정이고, 현재의 태양광사업인 솔라시티 역시 미래의 주력으로 키울 계획이다. 중국의 IT기업 텐센트(Tencent)가 테슬라의 사업에 17억 8,00만 달러를 투자하기로 한 것은 순전히 미래의 발전 가능성을 보았기 때문이다.

4차 산업혁명의 시대가 도래하면서 CEO의 자질도 바뀌고 있다. 무엇보다 혁신에 과감히 뛰어들 수 있는 결단력이 중요해졌다. 아무도 가지 않은 길을 가고자 결정하고, 구성원들을 설득하고 동참하게 할 수 있는 역량이 요구된다.

활용적 혁신에서 탐색적 혁신으로

혁신은 과거와의 결별을 의미한다. 기존과 다른 새로운 경험과 사건들을 늘려나가는 것이다. 방식은 크게 2가지다. 활용적 혁신(exploitation innovation)과 탐색적 혁신(exploration innovation)이다.

활용적 혁신은 점진적이고 단계별로 진행되는 혁신으로, 기존의 것을 더욱 발전시키고 활용도를 높이는 것이다. 주로 원가를 낮추거나 기능의 완결성을 높여주는 방법으로 진행하며, 그렇게 해서 기존의 경쟁자보다 우위를 점하게 한다. 그러나 여기에는 단점이 있다. 경쟁력의 우위를 유지하는 기간이 그다지 길지 않다는 것이다. 기술 인력이 경쟁 회사로 옮기거나 기존의 특허를 우회하는 기술이 개발되면 바로 경쟁력을 상실하게 되기 때문이다.

탐색적 혁신은 새로운 지식과 자원을 활용하여 이전에 없던 제품과 서비스를 만들어내는 혁신이다. 기술 발전이 가속화되면서 더욱 주목받게 되었으며, 파격적 상상력과 실험적 정신이 강한 경영자에게 큰 기회를 마련해준다. 일례로 우버(Uber)를 들 수 있다. 우버의 CEO 트래비스 칼라닉(Travis Kalanick)은 2008년 한 테크놀로지 콘퍼런스에서 우버에 대한 아이디어를 얻게 된다. 그리고 고가의 블랙택시를 대체하는 저렴한 우버택시 서비스를 고안해냈다. 그가 처음부터 성공가도를 달린 것은 아니다. 컴퓨터공학을 전공하던 대학생 시절, P2P 검색엔진인 스카우어(Scour)를 사업화하려다가 파산신청을 한 경험이 있다. 그렇게 실패한 사업 경험에서 우버캡이라는 또 다른 P2P 서비스를 고안하게 된 것이다.

최근에 우버의 경쟁자들이 여기저기서 나타나기 시작했다. 미국의 리프트(Lyft), 중국의 디디추싱 등 경쟁 기업들이 연합전선을 펼쳐 제휴를 추진 중이다. 구글 역시 자율주행사업의 경

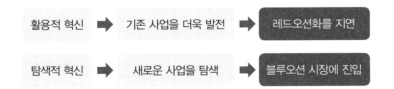

쟁자로 우버를 견제하기 시작했다. 관련 기업들에 구글맵 차량 탑승 옵션을 제공하여 우버 같은 차량공유 서비스를 가능하게 하는 것이다. 그러나 2015년 우버의 미국 내 시장점유율은 47%로 여전히 선두를 달리고 있다. 이처럼 탐색적 혁신을 통한 시장 지배력은 침식되는 데 시간이 걸리는 편이다.

통신기술과 IT가 만나면서 미래 산업은 엄청난 변화를 겪을 것이다. 한 번의 성공이 계속해서 이어지지 않을 것이다. 혁신적 사고가 가능한 CEO만이 미래를 주도할 수 있다.

경력형 선발에 대한 대책

전문적 지식은 리더가 영향력을 확보하는 데 큰 힘이 된다. 다른 사람들이 갖지 못한 지식이나 통찰력 있는 아이디어, 이슈를 장악하는 것은 모두 리더의 전문적 지식에 따른 것이다. 그러나 회사에서 지위가 올라가고 전략적 이슈를 많이 다루다 보면 자연히 현장에서 멀어지게 된다. 팀장 시절에 습득한 지식은 낡은 것이 되고, 빠르게 변화하는 현장의 기술과 노하우를 꿰뚫기에 역부족이다. 그래서 CEO 후보에게 필요한 것은 개념적 지식이다. 시장과 비즈니스의 큰 그림을 일목요연하게 정리하여 이해하는 매크로 지식이 더 요구된다.

| CEO 후보의 유형 |

(인재풀 2) 적응력 고 전문성 저	(인재풀 1) 적응력 고 전문성 고
(인재풀 3) 적응력 저 전문성 저	(인재풀 4) 적응력 저 전문성 고

전문성보다 적응력

CEO 후보에게는 전문적 지식과 개념적 지식 외에 적응력 또한 필수적이다. 적응력이란 과거에 경험하지 못한 새로운 변화에 대한 대처 능력이다. CEO가 모든 사업을 일일이 다 이해할 수는 없다. 변화의 핵심을 찌르는 이해력으로 대처해나갈 수 있어야 한다.

위 그림은 CEO 후보군을 단순화해서 보여준 것이다. 가장 이상적인 후보는 말할 필요도 없이 전문성과 적응력이 모두 높은 (인재풀 1)에 속한 인재다. 그러나 현실적으로 너무 희소하여 찾기가 어렵다. 그 대신 (인재풀 2)와 (인재풀 4)는 주변에서 관찰 가능한 후보군이라 할 수 있다.

(인재풀 2)와 (인재풀 4)에 각각 1명의 CEO 후보가 있다고 상상해보라. 당신은 누구를 선택하겠는가? 수요가 안정적이고 시장을 지배하고 있는 기업이라면 (인재풀 4)의 후보를 낙점해도 별 문제가 없을 것이다. 기존 사업에 대한 전문성을 발휘하여 안정적으로 사업을 이끌어갈 것이다. 반면에 사업의 부침이 심하고 제품의 생명주기가 짧은 제품을 다루는 기업이라면 (인재풀 2)의 후보가 더 나은 선택이 될 수 있다.

핀란드의 노키아는 과거 산림벌채사업에서 출발했지만 핸드폰사업에서 큰 성공을 거두었다. 그러나 피처폰에서 스마트폰으로 빠르게 전환하지 못해 실패하고 말았다. 시장의 변화에 적응하지 못한 것이다.

적응성의 중요성을 시사하는 또 다른 사례는 GE의 잭 웰치일 것이다. 그가 부임하기 전인 1980년초 GE는 사업 재편을 위해 몸부림을 치고 있었다. 더 이상 기존의 사업군을 유지하기 어렵다고 판단한 레지널드 존스(Reginald Jones) 회장은 미래지향적 관점에서 가장 적절한 후보로 잭 웰치를 지명했다. 잭 웰치는 존스 회장의 기대에 부응하여 백색가전사업을 포함한 200여 개 사업을 매각하고 신사업으로 그룹을 채우기 시작했다. 모두가 새로운 시장 환경에 적응하려는 노력이었고, 잘 알려져 있다시피 기대 이상의 성과를 거두었다. 이야기는 더 계속된다. 2001년 GE는 잭 웰치의 후임으로 제프리 이멜트를 선출했다. 그리고 이멜트와 경합했던 두 후보 짐 맥너니(Jim Mc-Nerney)와 밥 나델리(Bob Nardelli)는 각각 3M과 홈디포로 자리를 옮긴다. 이 중 밥 나델리는 2000년 말 홈디포 회장으로 취임하면서 큰 기대를 받았다가 독재적 스타일의 리더십을 발휘한다는 비판을 받으며 결국 홈디포를 떠나게 되었다. 그는 부임하자마자 매장의 직원을 대폭 감원하고 GE 출신의 임원을 대거 등용하는 등 무리한 경영을 펼쳤다. 에드워드 롤러(Edward Lawler) 서던캘리포니아대 경영대학원 교수에 의하면, 그는 항상 자신이 중심에 서야 한다는 신념이 강했다고 한다. 새로운 조직의 가치와 문화에 제대로 적응하지 못하고 과거 자신의 방식대로 홈디포를 경영하려 했던 것이다. 그에게는 추진력보다 적응력이 더 필요했는지 모른다.

숨어 있는 고수를 찾아라

CEO 후보는 회사 안에서도 밖에서도 찾을 수 있다. 미국의 글로벌 기업들은 GE 같은 소수의 기업을 제외하고는 CEO 후보를 사내에 국한하지 않고 외부에서 물색하고 있다. 필요하면 CEO 헤드헌팅 서비스도 활용해볼 수 있다.

콘 페리(Korn Ferry)는 CEO 헤드헌팅 분야의 글로벌 기업으로, CEO 후보 선발 시 다양한 요인을 검토한다. 전략 방향, 이사회 구성. 개인적 자질, 동일 산업 내 다른 CEO와의 비교,

팀워크 역량 등 후보들을 다각도로 분석한다. 콘 페리는 CEO 후보군을 크게 3가지로 분류한다. 당장 CEO 후보로 경쟁할 수 있는 후보, 5년 내에 CEO로 성장할 수 있는 후보, 그리고 CEO 후보 가능성이 있는 미래 세대 등이다. 또한 콘 페리에서는 장기간의 CEO 후계 계획을 프로그램화하여 지원하기도 한다. 이런 서비스를 잘 활용하면 어느 날 갑자기 외부 인사를 CEO로 영입하지 않아도 조직 적응력이 뛰어난 후보를 선발할 수 있다.

사업 환경이 급격히 변화하는 시대에는 CEO 후보의 파이프라인을 외부로 개방할 필요가 있다. 또한 핵심 인재에 대한 처우를 경쟁력 있게 설정하고 육성 프로그램을 꾸준히 집행해나가는 것이 필수적이다. 순혈주의식 인재 등용은 이제 그만둘 때가 되었다. 외부에 숨은 고수들이 누구인지 알아볼 수 있어야 한다.

고수가 고수를 알아본다

신비형 선발

외국인 CEO를 영입하기 시작한 것은 한국보다 일본이 더 앞서 있다. 2000년대 중반부터 일본 기업들은 외국인 CEO를 통해 과감한 구조조정 작업을 추진하거나 기업의 글로벌화를 추진하고자 했다. 그 실험은 절반의 성공이라고 볼 수 있다.

일본과 한국의 외국인 CEO 실험

미국의 사업가 하워드 스트링거(Howard Stringer)는 2005년 일본 소니가 영입한 최초의 외국인 CEO였다. 그는 소니의 방만

한 사업에 과감하게 칼을 댈 적임자로 선택되었다. 과연 부임하자마자 소니의 사업 구조를 슬림화하고 종신고용제를 없애기 시작했다. 소니의 4개 사업부문을 2개 그룹으로 통합하고, 생산시설 11개를 폐쇄했다. 그리고 직원 2만 명을 해고했다. 그러나 그의 노력에도 불구하고 소니는 애플과 삼성에 추월당하고 말았다. 스트링거 사장에게 불만을 품었던 직원들이 이의를 제기하는 등 조직이 생산적으로 돌아가지 않았기 때문이다. 2012년 소니 이사회는 스트링거 대신 일본인 히라이 가즈오를 최고경영자로 승진시키는 결정을 내렸다. 로이터통신은 소니가 외국인 CEO의 실험을 마침내 끝냈다고 보도했다. 성공적인 실험이라는 평가는 내려지지 않았다.

외국인 CEO의 영입이 완전히 실패로 끝난 기업도 있다. 광학기기제조회사 올림푸스의 이야기다. 외국인 CEO 마이클 우드포드(Michael Woodford)가 부임하여 과거 3년간 사내에서 발생한 회계부정과 비정상적 거래를 세상에 폭로해버린 것이다. 이 때문에 기쿠가와 쓰요시 회장이 자리에서 물러났고, 일본인 CEO가 우드포드의 자리를 대신했다. 사실 우드포드의 경영 스타일은 올림푸스와 전혀 맞지 않았다. "회사 임원들과 충분한 상의 없이 결정하는 매우 위협적인 경영자였다"는 것이 직원들의 평가이다.

사실 일본은 외국인 CEO가 적응하기 힘든 나라로 통한다.

이중적인 문화와 폐쇄성, 만장일치를 중시하는 기업 문화가 개인주의가 강한 외국인 CEO에게는 맞지 않는 것이다. 과거 10년간 일본 기업들이 외국인 CEO를 높은 연봉을 주고 모셔 왔지만, 경영 성과를 끌어올리거나 혁신을 성공시킨 사례는 별로 없다. 닛산의 카를로스 곤(Carlos Ghosn) 회장이 그나마 예외적으로 성공한 것으로 평가받는다. 일본에서 외국인 CEO는 의사결정에서 조화를 존중하지 않고 일방적으로 결정한다는 이야기를 많이 듣는다.

한국은 어떨까? 글로벌화에 따라 한국의 기업들 역시 외국인 CEO에 눈을 돌리게 되었다. LG전자의 남용 부회장은 2008년 글로벌 회사로의 도약을 위해 경영 각 분야에 외국인 임원을 중용하기 시작했다. 해외법인장에 한국인 대신 현지인이나 외국인을 과감하게 선임하기도 했다. 사내에서 회의는 영어로 하도록 했고, 결재서류 역시 영어로 바꾸라고 지시했다. 그러나 영어로 하는 회의는 능률이 떨어졌고, 외국인 임원과 한국인 임원 사이에 보이지 않는 벽이 높았다. 결국 LG전자의 외국인 임원들은 남용 부회장의 사퇴와 함께 모두 재계약에 실패하게 되었다.

LG전자에서 프랑스 영업본부장을 지낸 에리크 쉬르데주(Eric Surdej)라는 프랑스인 임원이 있다. LG전자 프랑스 법인에서 근무하다가 임원의 자리에까지 오른 경영자다. 그는 10년간

LG전자에서 일하면서 프랑스인으로서 이해하기 힘든 한국의 기업 문화를 체험하고 이를 책으로 냈다. 《한국인은 미쳤다》라는 제목부터가 외국인이 한국 기업에서 적응하기가 얼마나 힘든지를 말해준다. 반복되는 야근, 상사의 권위주의, 보여주기식 경영 등 충격적인 일화들을 소개하고 있다. 한국식 경영이 다 나쁜 것은 아니다. 일에 대한 근성, 목표에 대한 강한 의지, 회사에 대한 헌신 등 한국 기업만의 장점 역시 서술하고 있다.

2014년 〈포브스코리아〉는 한국의 10대 기업에서 근무하는 외국인 임원의 수를 조사했다. 가장 많은 외국인 임원이 있는 기업은 삼성그룹으로 48명이고, 두산그룹이 12명, CJ그룹은 5명 정도다. 외국인 CEO가 근무하는 곳은 대부분 해외이고, 한국인 직원들과 함께 사업을 책임지는 경우는 드물다. 30개 대기업 중에서 단 한 명의 외국인 임원도 두지 않은 기업은 17곳에 이른다.

한국 기업에서 외국인 임원들이 가장 애로로 꼽는 사항은 언어와 문화에 대한 이질감이다. 한국인 직원과 영어로 소통하기는 하지만, 깊이 있는 이야기를 자유롭게 나누는 데 문제가 있고, 관계지향적인 직원들과 어떻게 관계를 형성해나가야 할지 어려움이 많다는 것이다. 한국인 직원들은 일보다 상사와의 관계를 더 중시하는 경향이 있는데, 외국인 임원은 이를 이해하기 힘들다. 서구식 사고방식으로는 일이 먼저기 때문이다. 결국 외국의 글로벌 회사에서 외국인 임원을 모셔오더라도 기대에 미치지 못하는 경우가 많다. 외국인 임원 채용에서 막연한 신비주의가 작용하지 않도록 주의해야 한다.

경영과 문화의 상관관계

기업 문화가 리더십에 큰 영향을 미친다고 해서 외국인 CEO를 무조건 의심의 눈으로 보라는 이야기는 아니다. 미국 실리콘밸리의 기업들 상당수는 외국인 CEO를 두고 있다. 구글의 세르게이 브린(Sergey Brin)은 러시아에서 태어난 이민자 출신이고, 테슬라의 일론 머스크는 남아프리카공화국에서 태어났다. 마이크로소프트의 선다 피차이(Sundar Pichai)도 인도에서 대학까지 마친 이민자 출신이다. 미국 대학에서 외국인 유학생수는 2016년 100만 명을 넘어섰다. 미국이 글로벌 기업으로 세계에 진출할 수 있었던 것도 알고 보면 풍부한 해외 출신 고급 인력들 덕분이다.

중요한 것은 외국 출신이냐 아니냐가 아니라 조직이 다양성을 수용하고 외국인을 건설적으로 활용할 수 있는가이다. 남성 중심의 조직에서 유능한 여성이 능력을 발휘할 수 없듯이, 한국 직원들 중심의 조직에서 외국인 직원을 활용하는 것은 쉬운 일이 아니다. 한국 기업은 학벌, 남성, 정규직 중심의 문화가 강하다. 지방대생, 여성, 비정규직 직원에게 차별이 심한 곳이다. 이런 상황에서는 설사 유능한 외국인을 영입한다 해도 역량 발휘가 여간해서는 힘들 것이다. 열린 조직이 되어야 한다. 성, 문화, 국가를 초월해서 유능한 인재가 역량을 발휘할 수 있는 시스템을 먼저 구축해야 한다.

기업 경영을 바라보는 관점은 동서양 간에 큰 차이가 있다. 서양에서 직원은 스포츠팀의 선수이고 경영자는 감독이다. 각 선수에게는 기능과 역할이 주어지고 포지션이 정해진다. 성과가 없으면 바로 벤치에 앉는 후보 선수가 된다. 다른 팀에 유능한 선수가 있으면 트레이드하는 것이 이상한 일이 아니다. 승리에 기여도가 큰 선수에게는 많은 연봉을 지급한다. 경쟁은 미덕으로 받아들여진다.

동양은 다르다. 직원은 가정의 자녀에 가깝다. 경영자는 엄한 아버지의 모습을 하고 있다. 나이에 따라 지위가 정해지는 경향을 보인다. 부장, 과장, 대리는 통상적으로 입사 순이다. 채용은 공채로 이루어지는데, 기수에 따라 승진과 급여가 상승한다. 경쟁은 이런 질서를 무너뜨리므로 협력과 인애가 경쟁보다 더 중요한 가치로 대접받는다.

요즘에는 많이 바뀌었다. 글로벌화의 진행으로 서양의 성과주의 인재관을 받아들이는 추세다. 한국 기업들도 입사 순서에 관계없이 경쟁을 통해 승진 여부를 가리고 실적에 따라 연봉을 지급하는 제도를 시행하고 있다. 그런데도 아직 과거의 인재관에서 크게 벗어나지 못한 것 같다. 더 글로벌화해야 한다. 그러기 위해서는 가치관의 혁신이 필요하다. 직원 구성을 다국화하는 것도 한 방법일 수 있지만, 출신과 성별, 학벌과 공채 기수를 떠나 누구에게나 공평한 기회가 주어지는 열린 경영 시스템이 정착되도록 할 필요가 있다.

경영과 문화를 연결해서 생각한 학자는 아마도 네덜란드의 경영학자 게에르트 홉스테드(Geert Hofstede)가 대표적일 것이다. 홉스테드는 1970년대 전 세계 72개국에서 근무하는 IBM 직원 116,000명을 조사했다. 그리고 국가 간에 직원들의 가치관이 다르다는 사실을 발견했다. 미국은 개인주의가 강하고, 성과에 대한 단기 보상을 원하는 경향이 강하다. 불확실하고 낯선 경험을 회피하지 않고, 권위주의가 적은 것도 특징이다. 물질주의가 발달하여 금전적 보상을 중요시하는 경향 역시 높다. 그러나 미국을 제외한 해외 직원들은 미국인처럼 행동하지 않았다. 프랑스는 미국과 유사하지만, 권위적인 편이며 불확실한 것을 좋아하지 않는다. 인도네시아는 미국보다 권위주의적이고 집단적인 성향이 강하다. 한국은 일본과 유사하게 집단주의가 강하고 불확실한 것을 싫어하는 경향이 높다. 권위주의가 발달한 것도 미국과 다른 점이다.

전 세계 학자 70명이 공동으로 진행한 '글로브 스터디(Globe Study)'라는 연구프로젝트에서 '효율과 속도를 위해서라면 위계적 직급을 뛰어넘어도 된다'는 내용의 설문을 해보았다. 그 결과, 미국 〉 독일 〉 이탈리아 순으로 나타났다. 한국은 어떨까? 아마도 이탈리아와 유사하거나 더 낮을 것이다. 실제 직급의 숫자만 봐도 한국은 미국이나 유럽 국가들보다 많은 편이다. 한국은 그만큼 권위주의가 발달하고 수직적인 경영 방식에 익숙하다.

CEO는 조직문화를 관리할 수 있는 인물이어야 한다. 문화의 차이를 이해할 수 있어야 다양한 배경의 직원들을 하나로 묶어 역량을 극대화할 수 있다.

CEO의 역량 중에서 경영 성과에
가장 큰 영향을 미치는 것은?

서로 다른 배경과 문화, 가치관을 가진 직원들을 하나로 모으기 위해 CEO에게 꼭 필요한 능력이 있다. 공감이다. 공감은 설득 행위에 절대적으로 필요한 요소다. 서로 공감할 수 있는 이슈를 찾아내어 직원들의 마음을 움직일 수 있어야 한다. 서로 잘 공감하면 어려운 일을 당해도 협력하여 해결해낼 수 있다. 이는 2014년 글로브 스터디의 연구 결과로도 입증되었다. 전 세계 24개국의 CEO 1,000명과 고위 경영자 5,000명을 대상으로 조사한 결과(표), 회사의 성과에 영향을 미치는 CEO의 역량 가운데 첫 번째가 공감할 수 있는 비전을 제시하는 것이었고, 그다음은 직원들의 팀워크를 촉진하는 역량이었다. 표에서 '고'로 표시한 부분은 영향력이 큰 역량들이고, '중'으로 표시한 부분은 영향력이 '고'의 절반 정도에 해당하는 역량들이다. 주목할 점은 1위와 2위가 모두 구성원 전체를 설득하고 팀워크를 만들어내는 공감 역량과 관련된다는 것이다.

공감과 설득의 과정을 연구한 스위스 국제경영개발원(IMD)

| 표 | 경영자 설문조사 결과

중요도	CEO의 역량	회사의 성과에 미치는 영향
1위	공감할 수 있는 비전	고
2위	팀워크 강화	고
3위	체계적 관리 시스템 구축	고
4위	신속한 의사결정	고
5위	영감을 주는 능력	중
6위	성과 강조	중
7위	진정성	중

의 조지 콜라이저(George Kohlrieser) 교수는 리더가 상대방과 공감할 수 있는 연결 고리를 찾지 못하면 함께 일을 해낼 수 없다고 주장한다. 그러면서 그는 오늘날 기업의 CEO들이 직원들을 알기 위해 충분한 노력을 기울이지 않는다고 충고한다. '직원의 생각을 알아보지도 않은 채 자신의 방식이 맞으니 모두 이렇게 하라'는 식으로 대한다는 것이다. 직원들의 도움을 얻어내기가 쉽지 않은 이유다.

기업을 크게 성장시킨 CEO들은 대부분 공감과 설득의 중요성을 강조한다. 스타벅스의 하워드 슐츠(Howard Schultz)는 경영자의 필수 덕목으로 '겸손과 경청'을 손꼽는다. 페이스북의 마크 저커버그(Mark E. Zuckerberg)는 한 달에 한 번 타운홀 미팅을 개최하여 직원들과 자유롭게 대화를 나눈다. 무엇이든 물을 수 있고 답할 수 있는 타운홀 미팅은 생중계되며, 인터넷으로도 접속할 수 있다.

CEO 후보는 외국인 직원들과도 열린 마음으로 대화할 수 있어야 한다. 자신의 방식이 옳다고 가정해서는 안 된다. 소통하면서 점차 조직의 비전에 대해 공감대를 만들어낼 수 있어야 한다.

신비형 선발에 대한 대책

A급 플레이어가 A급 인재를 알아본다

삼성그룹의 이병철 회장이 20대인 손정의를 보고 탄복한 적이 있다. 제일교포 2세인 손정의가 버클리대에서 유학하던 시절이다. 70대였던 이 회장은 마침 미국에 나가 있는 삼성전자 대표에게 손씨를 대신 인터뷰하라고 지시했다. 그러나 삼성전자 대표는 특별한 느낌을 받지 못했다는 회신을 전해왔다. 나중에 손정의 회장이 소프트뱅크를 성장시키고 인터넷사업 분야의 거목이 되자, 삼성은 이 회장의 사람 보는 안목을 새로 깨닫게 되었다고 한다.

임진왜란을 극복하는 데 큰 공적을 세운 이순신 장군을 발탁한 인물은 같은 동네 사람인 류성룡이었다. 류성룡은 나이먹고 한물간 이순신의 진면목을 알아보고 선조에게 천거했다.

A급 플레이어가 A급 인재를 알아본다는 말이 있다. A급 인재에게는 보통 사람들의 눈에 드러나지 않는 스타일과 태도, 가치관이 있는 듯하다. A급 플레이어가 아니면 이런 요소들을 간파하기가 힘들다. 따라서 A급 인재의 선발은 A급 플레이어에게 맡기는 것이 최선이다. 여의치 않다면 뛰어난 인재들을 만나 배우고 그들 사이에서 나오는 평판에 귀를 기울여야 한다. 이재용 삼성 부회장은 상무보 시절 손정의 회장, 윤종용 부

회장, 박현주 미래에셋 사장, 잭 웰치 GE 회장 등과 만나 지도
와 조언을 들었다.

기업은 사람을 알아보는 안목만큼 성장할 수 있다.

문화적 수용성이 높은 후보를 선택하라

CEO는 이질적 가치와 문화를 하나로 융합해나가는 역량이
있어야 한다. 그래야만 회사가 선택한 전략적 방향으로 조직문
화를 통합하여 이끌어갈 수 있기 때문이다. 또한 혁신적 문화
를 구상하고 직원들에게 이를 체화시키는 조직문화의 설계자
가 되어야 한다. 항상 직원들에게 1등 아니면 2등이 되라고 강
조한 잭 웰치는 자신을 '문화 창조자'라고 말했다. GE가 크론
톤빌의 연수원을 증축하게 된 배경도 GE의 문화적 가치를 교
육하기 위한 것이었다.

비전과 미션, 핵심 가치에 헌신적인 경영자는 누구인가? 역
설적이지만 이익이나 매출에 앞서 조직문화를 중시하는 경영자
다. 구글은 직원을 채용할 때 많은 인터뷰를 거쳐야 하는 것으
로 유명하다. 내부 직원들도 인터뷰에 참여한다. 직무 역량뿐
아니라 조직문화와의 적합도를 검증하기 위해서다. 구글의 조
직문화에 적응할 수 있는 인재인지가 채용 여부를 결정하는 중
요한 기준이다. 같이 일하게 될 팀원들과 그룹 면접을 진행하
는 것은 채용 후 팀워크를 맞추기 위한 사전 조치에 해당된다.

미국 대학들은 신입생을 선발할 때 SAT 성적만으로 선발하지 않는다. 지원자가 직접 쓴 에세이가 매우 중요한 기준이다. 에세이에 대한 평가는 입학 담당관뿐 아니라 재학생에 의해서도 이루어진다. 학부 3~4학년생들 중에서 우수한 학생을 선정하여 지원자의 에세이를 읽게 한다. 그리고 '만약 해당 지원자들 중 함께 공부하고 싶은 학생이 있다면 누구인가' 답하게 한다. 이는 구글의 팀원 인터뷰와 유사한 것으로 팀워크와 조직문화 적합도를 선발 절차에 고려한 조치다.

눈에 보이는 매출과 실적도 중요하지만, 기업의 비전과 가치에 충실하고 조직문화를 중시하는 경영자가 필요하다. 그에 따라 후보를 평가할 수도 있어야 한다.

미국 기업들 중에는 문화에 적응하지 못할 것 같은 인재를 빨리 떠나보내는 기업도 있다. 자포스는 신입사원이 출근 첫날 회사를 떠난다고 하면 즉각 1,000달러를 지불한다. 또 회사의 조직 혁신에 반대하는 직원이 있으면 이직 시 3개월치의 퇴사 장려금을 추가로 지급하기도 한다. CEO인 토니 셰는 자포스의 사명과 비전을 가볍게 여기는 인력은 빨리 떠나보내는 것이 회사에 더 유익하다고 생각한다. 그만큼 비전과 가치를 중시한다. 그렇다고 매출액이 낮은 것도 아니다. 오히려 그 반대다. 자포스의 매출액은 1999년부터 2009년 사이 0에서 12억 달러까지 상승했다.

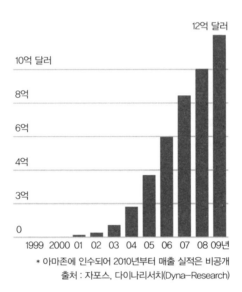

| 자포스의 경영 실적 |

12억 달러

10억 달러

8억

6억

4억

3억

0

1999 2000 01 02 03 04 05 06 07 08 09년

＊아마존에 인수되어 2010년부터 매출 실적은 비공개
출처 : 자포스, 다이나리서치(Dyna-Research)

자포스의 비전은 '행복의 전달자(Delivering Happiness)'다. 직원이 행복하고 고객이 행복한 회사를 표방한다. 이를 반영한 10가지의 핵심 가치 역시 이해하기 쉽게 서술되어 있다.

자포스의 10가지 핵심 가치

1. 서비스를 통해 고객에게 감동을 선사하라

2. 변화를 수용하고 추진하라

3. 재미와 약간의 괴팍함을 추구하라

4. 모험적이고 창의적이며, 열린 마음을 갖자

5. 성장과 배움을 추구하라

6. 솔직하고 열린 마음으로 소통하라

7. 긍정적인 팀워크와 가족 같은 분위기를 만들자

8. 모든 것은 개선의 여지가 있다

9. 열정적이고 단호하라

10. 겸손하라

비전과 가치를 구현한 조직문화를 구축하려면 CEO가 문화적 수용성을 갖춰야 한다. 출신별로, 세대별로 다양한 가치와 문화를 이해하고 교감하고 조화롭게 관리할 수 있어야 한다.

한국에서 가장 인구가 많은 세대는 베이비부머 혹은 386세대일 것이다. 베이비부머는 1950년대 중반에서 1960년대 초반에 출생한 세대이고, 386세대는 80년대 학번에 60년대 출생이 주를 이루는 세대다. 이 밖에도 X세대, Y세대, 디지털세대, 밀레니엄세대 등 각 세대를 지칭하는 다양한 용어가 있다. 직장에서 보면 베이비부머세대가 조직의 최상층부에 있고, 그 밑에 386세대가, 중간 직급에 X세대가 포진하고 있다. 신입사원들은 주로 Y세대에 속해 있다. 최상층부에 있는 베이비부머세대가 보기에 Y세대나 디지털세대는 설득하거나 공감을 이끌어내기가 쉽지 않다. 그들을 바라보는 관점도 엇갈린다. '인내심과 책임감이 부족하다', '상사의 조언을 잘 받아들이려 하지 않는다', '쉽게 이직한다'는 등의 부정적인 시각이 있는 반면, '외국어 능력이 뛰어나다', '참신하고 기발한 아이디어를 낸다', '학습 능력이 뛰어나다'는 등의 긍정적인 의견도 있다. CEO 혹은 CEO 후보는 세대 간의 격차와 이해관계를 떠나 모든 세대를 아우를 수 있는 역량이 있어야 한다. 젊은 직원들을 이해하고 공감하지 못하면 현장의 최전선을 관리할 수 없다. 그들을 위해 일과 삶의 균형을 존중해주고, 작은 조직 단위를 만들어 권한을 부여해줄 수도 있어야 한다. 적합한 인정과 인센티브 역시 다양하게 구상할 수 있어야 한다.

결국 CEO 후보는 다양한 세대와 국적의 직원들에게 익숙한 문화를 수용하고 조화롭게 관리하여 전체 직원의 동기를 이끌어낼 수 있어야 한다. 다양성의 관리자가 되어야 한다.

당신에게만 알려주는 비밀 이야기 02

CEO 후보군을 정하는 방식은 현재 기업의 상황과 시장 환경에 따라 달라질 수 있다. 매출 구조가 탄탄하고 시장이 안정적이라면 회사 내에서 후보를 선정할 수 있다. 그렇지 않고 시장점유율이 해를 거듭할수록 위축되고 산업 전체가 레드오션으로 변하는 상황이라면 회사 밖에서 후보군을 확보하는 것이 낫다.

CEO 후보의 역량을 평가하는 방식 역시 2가지가 있다. 하나는 보수적인 관점이고, 다른 하나는 진보적인 관점이다. 보수적 관점은 후보를 현재의 관점에서 보는 방식이다. 기존의 사업을 더 잘 꾸려 최고의 성과를 낼 수 있는 후보를 찾는 것이다.

이에 비해 진보적 관점은 현재보다 미래의 역량을 강조하는 방식이다. 미래에 이질적 사업 분야로 진출하거나 현재의 사업 역량을 다른 분야로 확대하고자 하는 목표를 가진 회사가 취해야 하는 관점이다.

회사가 시장을 지배하고 있고 생산 기술을 더욱 고도화할 필요가 있다면 미래 사업에 많은 투자를 할 필요가 줄어든다. 이런 경우라면 CEO 선발을 보수적 관점에서 접근해도 좋을 것이다. 현재의 강점을 더욱 강화하고 확대하는 경영이 효과적이기 때문이다. 후보군 역시 회사 내로 한정하여 주력 사업에 정통한 후보를 CEO로 선발하면 될 것이다.

그런데 현재 한국은 중국과 일본 사이에 끼어 독자적인 산업 경쟁력을 확보하지 못하고 있다. 따라서 기업들은 CEO 선발 과정에서 미래 사업보다 현재 사업에만 치중하고 있지 않은지, 사외 후보보다 사내 후보를 중심으로 후보군을 제약하고 있는 것은 아닌지 돌아볼 필요가 있다. 게다가 4차 산업혁명의 시대가 도래하고 있다.

여러 조건들을 종합적으로 고려할 때 우리에게는 미래지향적 사고가 강한 CEO가 더 많이 필요하다. 다양한 산업 분야에서 적응력을 발휘할 CEO가 요구된다. CEO의 선발 방식을 더 다양화하고 후보군도 지금보다 더 넓힐 필요가 있다. 시장이 저성장기에 있거나 사업의 변동성이 클수록 더욱 그러하다.

3장

세종은
왜 문제아들을 발탁했을까?

최적의 리더를 뽑는 후보 검증법

왜 인사가 만사일까?

"나라가 발전하거나 흥하려면 군자가 기용되고 소인이 쫓겨 나는 등 반드시 상서로운 징조가 나타난다. 반대로 나라가 망 하려면 어진 사람은 숨고, 나라를 어지럽히는 난신들이 귀한 몸이 된다. 나라의 안위는 군주가 어떤 명령을 내리느냐에 달 려 있고, 나라의 존망은 인재의 등용에 달려 있다."

사마천이 《사기(史記)》의 〈초원왕세가(楚元王世家)〉에서 두 번 이나 강조한 말이다. 삼국시대 위나라 조조는 "세상에서 가장 귀중한 것이 바로 사람"이라고 했고, 촉나라 유비는 제갈량을 얻기 위해 삼고초려(三顧草廬)도 마다하지 않았다. 당나라 태종 은 "나라를 다스리는 근본은 사람을 얻는 데 있다"고 했고, 청의 옹정제는 "나라를 다스리는 데 용인(用人)이 근본이며, 나머지는 다 지엽적인 일"이라고 했다. 경세 철학이든 처세술이든 궁극적인 귀착점은 바로 사람에 있다. '인사가 만사'라는 말처럼 역사를 돌이켜보면 태평성대를 가능케 한 것은 모두 '유능한 인재 등용'이었다.

그렇다면 우리나라 역사에서 인재가 많았던 시기는 언제일까? 그 시기도 태평성대였을까? 인재 선발에 대한 답을 역사 속에서 찾아본다.

세종시대를 만든 강점 중심의 인재 선발

우리나라는 5,000년 역사를 지니고 있다. 수많은 리더가 나라를 이끌었다. 우리가 기억하는 위인들이 바로 그들이다. 그중에서도 "인재는 천하 국가의 지극한 보배"라고 강조하며 무엇보다 인재를 중시하고 온 국민의 존경을 받은 리더로 세종대왕을 빼놓을 수 없다. 세종은 즉위 29년(1447년)에 치러진 과거시험에서 '현명한 사람과 어리석은 사람을 들여 쓰고 내치는 방도가 무엇인가?'라는 문제를 출제하여 인재 선발의 중요성을 공개적으로 천명하기도 했다.

세종은 사람을 쓰는 몇 가지 원칙이 있었다. 우선, 마음이

착한지를 보았고, 열정이 있는가를 살폈다. 단점은 덮고 장점을 보고 이를 최대한 발휘하게 했으며, 정실을 배제하고 역량 위주로 선발했다. 또 선발하는 것 못지않게 인재 유지와 육성에 주력했고, 일단 뽑으면 의심하지 않았다.

이와 관련한 대표적인 사례로 청백리 재상으로 알려진 황희를 빼놓을 수 없다. 수많은 일화의 주인공이기도 한 그는 동네 아이들이 자기 집 복숭아를 따먹어도 허허 웃기만 했던 인자한 노인이자 청렴한 정승의 귀감으로 칭송받았다. 또한 스스로 관직에서 물러나겠다고 여러 번 청했음에도 세종이 끝까지 받아들이지 않아 88세까지 정승을 지낼 정도로 능력을 인정받았다.

그렇지만 실제 황희의 모습은 우리가 일반적으로 알고 있는 모습과 꽤 다르다. 청백리이기는커녕 자신과 아들들의 부정축재 혐의로 몇 번이나 곤욕을 치렀고, 사위가 사람을 죽인 일을 숨기려다가 들통나기도 했으며, 심지어 2차 왕자의 난 때 반역자였던 박포의 아내와 간통 추문까지 있었다. 공직자로서 도덕성이 말이 아니었다. 하지만 세종은 황희를 처벌하는 대신 감쌌다. 아버지 태종이 아낀 인재라는 것과 한 번 등용한 재상을 바꿀 수 없다는 것이 이유였다. 물론 그 안에는 끝까지 믿는다는 신뢰의 철학과 강점을 중시하는 인재 경영이 있었다.

놀라운 것은 황희만이 아니라 세종의 사람들 대부분이 한 가지 이상의 결점을 가지고 있었다는 것이다. 또 다른 정승이었던 맹사성은 우유부단했고, 북방의 호랑이 김종서는 욱하는 성미가 있어 주변 사람들과 자주 충돌했다. 외골수로 대인관계가 좋지 못했던 것은 음악의 체계를 정비한 박연도 마찬가지였다. 더욱이 그는 빠릿빠릿하지 못해 업무 실수가 잦았다. 명문 장가인 정인지도 행정 처리에는 영 미숙했다. 집현전 학자인 윤회는 알콜중독 수준의 술꾼이었고, 변계량은 아내를 학대해서 구설수에 올랐다.

훌륭한 임금으로 칭송받는 세종대왕이 그렇게 문제 있는 사람들을 등용했다는 것은 의문이 아닐 수 없다. 그러나 세종의 인재들은 약점이 아닌 강점으로 역사에 빛나는 이름을 남겼다. 바로 거기에 세종대왕의 위대한 리더십이 있는 것이다. 세종은 그들을 마음껏 강점을 발휘할 수 있는 분야에 배치하고 전폭적으로 지원해주었으며, 온갖 비방과 모략에서 지켜주었다. 아랫사람의 재능을 깊이 신뢰하여 저마다의 능력을 100% 발휘할 수 있는 환경을 조성해준 것이다. 이와 같은 세종의 인재 관리는 강점을 인정해주고 키워주는 '강점 중심의 리더십'으로 정의할 수 있다. 신상필벌(信賞必罰)이 아닌 '신상필상(信賞必賞)'이라 할 수 있다.

세종이 고른 인재들은 왕의 비위를 잘 맞추는 사람들이 아니었다. 오히려 세종의 의견과 다른 내용을 주장하거나 세종의 의도와 다른 결과를 내놓기도 했다. 하지만 세종은 신하들의 의견을 끝까지 경청했으며, 때로는 자신의 뜻을 굽히고 현장의 의견을 존중해주었다. 유학의 경서(經書)와 사서(史書)를 공부하고 토론하는 자리인 경연(經筵)에도 충실했다. 기록만 봐도 알 수 있다. 태조가 23회, 정종이 36회, 태종이 80회를 실시했는데, 세종은 무려 1,898회에 달했다. 월 평균 6.7회로 성종·영조와 함께 가장 많은 경연을 실시한 임금이었다. 경연에서 결론이 나지 않거나 미흡한 부분이 있으면 이를 집현전으로 넘겨연구하도록 했다. 그의 시대를 대표하는 많은 업적들은 이렇게만들어진 것이다. 신하들의 복종이 아닌 마음을 얻었기 때문이다.

적절한 인재를 골라 적재적소에 배치하는 것, 개인에 따라합당한 대우와 관계 설정으로 인재를 활용하는 것, 예나 지금이나 리더에게 이보다 중요한 일은 없다.

삼국을 통일한 신라의 인재 양성 프로젝트

삼국시대에 최약소국이었던 신라가 통일의 위업을 이룰 수있었던 요인은 한둘이 아니지만, 그중에서도 중요한 요인으로화랑제도를 통한 인재 양성을 들 수 있다. 배출한 인재도 많았지만 무엇보다 인재들을 하나로 만든 화랑정신이 신라의 부국

강병을 이끌었다고 볼 수 있다.

화랑은 기존의 청소년 중심의 수양 단체를 국가에 필요한 인재 양성을 목적으로 재편성한 것이다. 여기서 배출된 인재들이 바로 삼국통일의 주역인 태종무열왕 김춘추, 김유신 장군, 김유신 장군의 아들 김원술, 원효대사, 황산벌 전투의 관창과 반굴 등이다.

화랑제도의 출범 배경에는 인재 양성 외에 진흥왕의 정치적 의도도 있었다. 적극적인 영토 확장으로 많은 인재가 필요하기도 했지만, 한편으로는 왕을 중심으로 권력을 중앙집권화하려는 계산이 작용했다. 이에 화랑도를 국가적 조직 단위로 개편하여 소속과 계층을 뛰어넘어 왕이 직접 인재를 선별하게 되었다. 이 정책으로 탄생한 세력이 바로 진골과 6두품이다. 그러면서 이전에 6부의 혈연 집단으로 나뉘어 있던 귀족들이 왕을 중심으로 하는 새로운 계급으로 재탄생하게 되었고, 진골 계급을 우두머리로 하고 두품 세력을 낭도 무리로 하는 계급적 지배 체제인 화랑제도가 확립되었다.

화랑제도는 정치적 목적에서 출발했지만, 기본적으로 유능한 인재를 선발하겠다는 왕의 의지가 반영된 결과이도 했고, 계급을 초월하여 인재를 선발함으로써 사회 통합에 기여하는 효과를 가져오기도 했다. 계급을 부여하고 계급의 윤리를 준수하게 함으로써 사회 규범과 질서를 유지하는 역할도 수행했다.

무엇보다 국가를 위해 든든한 군사적, 정치적 기반이 되어 삼국을 통일하는 데 중추적 역할을 담당했다.

몽골제국을 가능케 한 칭기즈칸의 인사 시스템

몽골고원을 통일한 칭기즈칸은 대대적인 개혁에 들어갔다. 이전의 부족사회를 와해시키고 천호제(千戶制)를 단행했다. 천호제는 군사·정치·행정·사회 등 모든 분야를 하나로 연결하고 통합한 국가 조직으로, 전체를 10호–100호–1,000호–1만호 단위로 구분하여 체계적으로 돌아갈 수 있게 만들었다. 나라를 10진법 체제의 팀제 사회로 전환시킨 것이다. 요즘으로 치면 지연, 혈연, 학연을 철저히 배제한 혁신적 인사 시스템을 구축한 것이다. 피의 우위보다 조직의 우위를 택한 천호제의 시행은 모든 국민을 하나로 묶어내는 총동원 체제로 기능했고, 역사상 가장 큰 몽골제국을 세우는 원동력으로 작용했다. 가히 몽골제국의 처음이자 전부라고 할 수 있었다.

또한 칭기즈칸은 인재를 목숨처럼 아꼈다. 일단 지혜롭고 재주 있는 자를 얻으면 중임을 맡기면서 "미덥지 못하면 맡기지 말고 일단 썼으면 믿고 맡기라"는 원칙을 실천했다. 한때 적진의 참모였던 야율초재를 삼고초려하여 초치하고 "하늘이 내려준 선물"이라고 칭하면서 그와 함께 "제국은 말 위에서 건설되었지만 말 위에서 다스릴 수는 없다"는 논리로 천하의 인재 영입과 양성에 전력을 기울였다. 칭기즈칸과 의형제로 지내다가 등을 돌린 자무카는 자신이 칭기즈칸에게 패하게 된 원인을 이렇게 말했다.

"칭기즈칸에게는 많은 영웅호걸이 함께하고 있다. 준마와 같은 73명의 부하가 충성을 다하고 있다."

말은 살이 쪘을 때도 달릴 수 있어야 하고, 살이 적당할 때도 달릴 수 있어야 하고, 심지어는 말랐을 때도 달릴 수 있어야 한다. 그래야 신변에 둘 수 있는 좋은 말이다. 그들은 시시각각 자신의 직분에 충실하고 그 역할을 십분 발휘했다. 사람이 모든 분야에서 뛰어날 수는 없다. 또 세분화된 분업 사회는 팔방미인을 필요로 하지도 않는다. 한두 가지 자신의 전공 분야에서 강점을 가지면 된다. 하지만 언제 어디서든 모든 장애를 극복하고 자신의 강점을 발휘할 수 있어야 한다. 이것이 바로 칭기즈칸이 생각한 우수한 인재다.

인재에게 중요한 것은 재능과 더불어 강한 의지와 조직에 대한 충성심이다. 강한 의지가 없으면 결정적 순간에 나사 빠진 꼴이 될 수 있고, 충성심이 없으면 시종일관 꾸준하기가 어렵다. 나사가 빠지는 일이 있어서도 안 되겠지만, 인재가 배반하면 걷잡을 수 없는 재앙을 일으킨다. 충성심은 인재가 필수적

으로 갖추어야 할 덕목으로, 예로부터 가장 중시된 인재의 요
건이었다.

리더가 죽어야 리더십이 산다

'리더가 죽어야 리더십이 산다'라는 말이 있다. 시대의 변화에 맞추어 리더십이 달라져야 한다는 뜻으로, 누구나 공감할 수 있는 말이다. 저성장의 불황이 계속되고 있는 오늘날에는 과연 어떤 리더십이 필요할까?

요즘 기업들의 관심은 하나로 모아진다. 변동적이고(Volatile) 불확실하며(Uncertain) 복잡하고(Complex) 모호한(Ambiguous) VUCA 시대의 환경 변화에 대응하여 지속적 성장을 가능하게 하는 방법론이 무엇인가 하는 것이다. 기업들은 다양한 시도를 통해 변신을 꾀하고 있다. 빠르게 변화하는 시장 환경에 능동적으로 대처해나가기 위해 경영 전략을 구상하고 프로세스를 혁신하려는 노력을 기울이고 있다. 그러면서도 인재와 조직에 대한 연구와 실천은 답보 상태를 면치 못하고 있다. '경영은 일과 사람의 종합 예술'임에도 불구하고 리더들은 과거의 인식 수준에서 크게 벗어나지 못하는 모습이다.

당신의 리더십은 틀렸다!

"성공의 법칙은 반드시 배반한다."

피터 드러커의 말이다. 리더십도 마찬가지다. 새로운 시대가 요구하는 리더십으로의 전환이 절실한 상황이다. 그렇지 않으면 자신의 리더십에 배반당할 수 있다. 한마디로 '변하느냐 죽느냐(change or die)'의 시대다.

학습 장애(learning disability)는 기존의 경험과 지식의 패러다임 안에 사로잡혀 새로운 변화에 대한 거부감과 저항으로 근본적인 의문을 제기하기보다 본능적으로 해오던 방식을 방어하는 쪽으로 반응하는 것을 가리킨다. 그런 차원에서 리더가 전통적 리더십에 매몰되어 새로운 리더십을 외면하고 현재에 안주하는 모습은 리더십 장애(leadership disability)라고 할 수 있다. 《위대한 기업은 다 어디로 갔을까(How the Mighty Fall)》를 쓴 짐 콜린스는 기업과 리더들이 과거나 현재에 안주하여 변화에 대해 부적절한 대응을 하고 있다고 지적했다. 그들은 자만과 성공 원인의 착각, 과도한 욕심과 성장 집착, 위기 가능성 부정 등의 특징을 보이며, 자신의 리더십이 지속적인 성장을 가져올 것이라는 잘못된 판단으로 오류의 함정에 빠진다.

리더십은 리더가 조직을 바라보는 관점에 좌우되는 경향이 있다. 그 관점에는 기계적 관점(Organization as Machine), 유기체적 관점(Organization as Organism), 두뇌적 관점(Organization as Brain), 정보처리의 관점(Organization as Information Process), 문화적 관점(Organization as Culture) 등이 있는데, 단순히 기계론적인 관점으로 조직을 바라보면 전통적인 관리감독자의 역할에서 탈피하기가 어렵다. 따라서 '리더십의 변화(leadershift)'를 위해선 리더가 자신의 조직관부터 돌아볼 필요가 있다.

지금 우리에게 필요한 리더의 역할은 산업화 시대를 주도한 관리감독자가 아니다. 모든 것이 연결된 글로벌 시대의 변화와 도전, 한 치 앞을 내다보기 어려운 불확실성의 상황을 뚫고 지속적으로 성과를 창출할 수 있는 지휘자가 필요하다. 구성원들을 단순한 인적자원(human resource)이 아닌 인재(talent)로 바라보고 활용할 줄 하는 인재 경영(talent management)으로 새로운 리더십을 발휘할 수 있는 리더가 그 어느 때보다 중요해졌다.

당신은 어떤가? 이 시대에 맞는 인재 경영의 중요성을 제대로 인식하고 있는가? 방법을 찾아 실천하기 위해 노력하고 있

| 조직을 바라보는 리더의 관점 |

- Machine
- Organism
- Brain
- Information Process
- Culture(Value)

출처 : 개러스 모건(G. Morgan), 《조직의 이미지
(Images of Organization)》

| 리더십 패러다임의 변환 |

AS-IS 전통적 관리		SHOULD-BE 최근 관리의 개념
과업중심(Task Oriented) 과학적 관리 기계적 효용성 질 관리(Quality Control) 효율성 평가중심 관리 정답 vs 오답 표준화 예측 가능성과 통제 가능성	VS	인간중심(People Oriented) 장기적 관점의 리더십 지속적 성장 비전 공유(Shared Vision) 조직 몰입(Engagement) 적응력(Adaptation) 민첩성(Agility) 필요역량 확보 능력(Ability) 학습조직(Learning Organization) 팀 시너지(Team Synergy)

는가? 혹시 과거의 전통이나 선배들로부터 내려오는 리더십 이론과 경험을 답습하고 있지 않은가? 리더십 타성(leadership inertia)에 빠져 있는 것은 아닌가? 시대의 변화에 따른 리더십 전환 문제에 관심이 있는가?

이러한 이슈들에 대해 해결의 실마리를 제공해주는 이들이 있다. 1960년대에 인본주의를 통해 개인과 조직의 자아실현 욕구를 강조했던 매슬로(Maslow), 기업의 인간적 측면을 일깨워준 더글러스 맥그리거(Douglas McGregor), 경영학의 아버지 피터 드러커(Peter Drucker), 조직문화의 중요성을 설파한 에드거 샤인(Edgar Schein), 학습조직을 강조한 피터 센게(Peter Senge), 경영의 미래를 조명한 게리 해멀(Gary Hamel), 내적 동기를 중시한 다니엘 핑크(Daniel Pink) 등이다. 그들의 주장과 연구 성과들을 살펴보면 리더십 패러다임에 대한 이해는 물론, 인재 경영을 위한 리더십의 전환에 대한 유용한 시각과 방법을 얻을 수 있다.

성과와 사람을 동시에 만족시키는 방법

매출과 이익 중심의 경영이 여러 한계를 드러내면서 성과(performance)와 사람(people)을 동시에 만족시키는 방법에 대한 관심이 커지고 있다. 이에 따라 최근 미국에서는 1970년에 세상을 떠난 심리학자 매슬로가 다시 돌아왔다는 이야기를 할 정도로 그의 이론을 재조명하는 움직임이 활발하게 일어나고 있다.

매슬로의 이론은 인간은 누구나 성장하고 싶은 욕구와 꿈을 실현하려는 욕망을 지니고 있다는 전제에서 출발한다. 그런데 리더들은 자신의 욕구를 추구하면서 구성원들에게는 결핍 욕구만 있다고 가정한다고 매슬로는 지적했다. 구성원들의 자아실현 욕구를 인정해야 하며, 인간의 욕구 5단계를 리더와 조직의 욕구에 적용해야 한다는 것이다.

미국의 심리학자 프레더릭 허츠버그(Frederick Herzberg) 역시 매슬로와 비슷한 이론을 전개했다. 생명 유지, 사회적 안정, 쾌

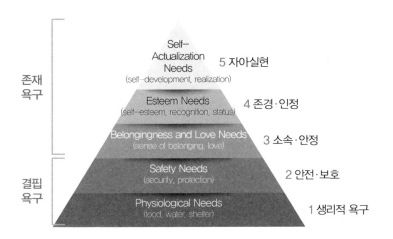

| 매슬로의 욕구 단계설 |

적한 근무 환경 등의 위생 요인이 먼저 해결되어야 욕구의 상위 단계인 능력 개발과 사회적 인정, 비전 실현 등의 동기(정신적) 요인을 실현할 수 있다는 것이다. 매슬로와 허츠버그의 이론은 사람에게 가장 절실한 욕구를 파악하고 실현하는 리더십의 중요성을 깨우쳐준다.

리더가 구성원 개개인의 몰입도와 직무 만족을 높이려면 그들의 존재 욕구를 자극하고 실현할 수 있게 도와주어야 한다. 자아실현을 추구하는 사람들을 위한 리더십이 필요하다.

저성장 시대에 필요한 리더십

미국의 경영학자인 더글러스 맥그리거가 제시한 인간관 및 동기부여에 관한 이론으로 'X이론·Y이론'이 있다. X이론은 '인간은 본래 게으르고 타율적이어서 강압받거나 명령받지 않으면 일을 하지 않는다'고 보는 이론이고, Y이론은 '태어나면서부터 일이 싫은 것이 아니라 조건에 따라 책임을 떠맡거나 자진하여 책임을 지려고 한다'고 보는 이론이다. Y이론에서 말하는 '조건'은 일에 대한 동기부여의 요인으로, 매력적인 목표와 책임 그리고 재량권을 부여하는 것 등이다. 이런 조건을 제공하면 조직의 구성원들이 자발적으로 일에 의욕을 갖게 되고, 개인의 목표와 조직의 목표를 통합할 수 있게 되어 성과를 향상시킬 수 있다.

X이론에 입각한 리더들은 대체로 권한을 자신에게 집중시키고, 권위주의적이며, 업무를 일일이 간섭한다. 100년 전 테일러가 이야기했던 관리감독자의 모습과 유사하다. 반면 Y이론을 따르는 리더들은 구성원을 의욕적이며 창조성과 잠재력을 가진, 존중되고 개발되어야 할 존재로 간주한다. 당신은 X이론 쪽인가, Y이론 쪽인가? 어느 쪽으로 구성원들을 대하는 것이 더 많은 성장을 가져오겠는가?

조직은 기계의 조합이 아니라 사람의 집합이다. 사람은 존중받으면서 자신의 의견을 말할 수 있고 꿈을 펼칠 수 있는 곳을 원한다. 지시와 명령으로 움직이는 곳에서는 혁신도 성장도 기대하기 어렵다. 오늘날과 같은 저성장 시대에는 말할 나위도 없다. 오히려 더욱더 깊이 저성장의 늪에 빠져버리기 쉽다. Y이론에 기반한 인간중심적 리더십이 필요한 시점이다.

피터 드러커 또한 인간중심의 철학이 자기 계발과 조직의 성과 향상, 인재 개발에 미치는 영향을 강조했다. 이 밖에도 미국 MIT 경영대학원 교수인 에드거 샤인은 경영자들이 제기하는 이슈들을 중심으로 조직문화의 혁신을 위한 실질적 방법을 설명하고, 학습조직 이론의 창시자인 피터 센게 MIT 경영대학원 교수는 기업들의 혁신 전략과 성공 사례를 통해 지속가능한 변화를 위한 실천 방안을 제시한다. '혁신의 전도사'로 불리는 게리 해멀 런던비즈니스스쿨 교수는 '위대한 승리'를 쟁취하는 과정에서 리더의 전략적 의지와 야망이 일으키는 효과에 대해 설파하고, 미국의 미래학자인 다니엘 핑크는 새로운 동기부여를 위한 3가지 요인으로 '자율성, 숙련, 목적'을 꼽으며 이를 개인과 조직에 활용하는 구체적 방식을 알려준다.

'거래'하지 말고 '변혁'하라

1492년 콜럼버스는 함선 3척을 이끌고 '세상의 끝'이라는 대서양 한가운데를 향해 나아갔다. 사람들은 계속 가면 악마가 입을 벌린 채 기다리고 있을 것이라고 말했다. 하지만 콜럼버스는 지구가 둥글기 때문에 인도를 거쳐 제자리로 오게 될 거라고 믿었다. 정해진 편한 길을 거부하고 새로운 도전을 선택한 콜럼버스는 온갖 고난을 극복하고 신대륙으로 가는 항로를 발견했다. 그는 이 발견으로 세상을 변화시키고 삶의 방식을 더욱 풍요롭게 만든 것은 물론, 역사에 길이 남는 인물이 되었다.

변화는 도전의 결실이다. 리더가 도전을 멈추는 순간 조직은 퇴보의 길을 걷게 된다. 학습된 무기력감(learned helplessness)에 빠진 사람은 아무것도 이루어내지 못한다. 낡은 리더십의 패러다임에서 벗어나 새로운 리더십을 찾기 위해 도전해야 한다. 기업가형 리더(entrepreneur)가 되어 혁신을 주도해야 한다.

변혁적 리더십(transformational leadership)은 급격한 변화를 겪고 있는 현재의 경영 환경에서 가장 중요한 개념으로 부각되고 있다. '전환적 리더십'으로도 불리는 변혁적 리더십은 구성원의 역량을 개발하고 동기부여를 강조하며, 구성원들 개개인의 이해관계를 넘어 조직의 목표를 추구하도록 더 높은 수준의 욕구를 자극하고 유도하는 리더십이다. 이에 대비되는 개념이 거래적 리더십(transactional leadership)이다. 업무 계약 및 교환관계에 기초한 것으로, 구성원이 바라는 것을 제공해줌으로써 행동을 유발한다는 개념이다. 변혁적 리더십이 앞에서 이야기한 존재 욕구나 Y이론에 가깝다면, 거래적 리더십은 결핍 욕구나 X이론에 가깝다고 볼 수 있다.

리더는 구성원들의 자발적 변화 동기를 이끌어낼 수 있어야 한다. 이를 위해서는 구성원들이 비전과 신뢰를 가질 수 있는 가치를 제시할 변혁적 리더십을 갖춰야 한다. 변혁적 리더십의 가장 큰 특징은 낮은 수준의 물리적 욕구에 대한 관심을 높은 수준의 정신적 욕구에 대한 열망으로 고양시키는 것이다. 구성원들이 본래 기대한 것 이상의 수준으로 올라서도록 고무함으로써 미래의 비전을 가치 있게 만드는 변화 의지를 불러일으킬 수 있어야 한다. 그러기 위해서는 리더 자신부터 혁신적 욕구에 관심을 가지고 과거의 과업 중심적 관점에서 인간 중심적 관점의 리더십으로 전환하는 노력에 집중해야 한다.

그런 의미에서 가치 중심의 리더십에 주목할 필요가 있다. 사람에게 초점을 두는 인간존중 경영으로, 분명한 미션과 비전, 가치 위에서 조직을 한방향으로 정렬해나가는 리더십을 의미한다. 미션, 비전, 핵심 가치가 명확하고 내재화된 조직은 '혼이 살아 있다.' 솔선수범하는 리더가 윤리적 리더십을 실천하고, 행동 강령과 운영 원칙을 구체적으로 수립하고, 핵심 가치를 의사결정의 기준으로 삼는다. 채용, 육성, 평가, 승진의 모든 과정에도 이를 적용한다. 리더가 가치에 중심을 두고 움직이면 자연스럽게 구성원들에게도 영향을 미쳐 따로 지시하지 않아도 조직의 가치에 부합하는 행동과 결정을 하게 된다. 또한 직급을 막론하고 모두가 더 큰 목표를 이루기 위해 협력하게 된다. '동료'가 아니라 '동지'로 함께 조직과 세상을 변화시킨다는 책임감을 가지고 도전 과제를 해결해나간다. 가치가 조직문화를 만드는 것이다.

나쁜 카리스마, 좋은 카리스마

카리스마 하면 떠오르는 대표적인 경영자가 있다. 잭 웰치 전

GE 회장이다. 1981년 당시 45세의 나이로 100년의 GE 역사상 최연소 CEO에 임명된 그는 양호한 경영 상태에서도 시장의 변화를 예견하여 한발 빠르게 GE의 개혁을 단행했다. 세계 시장에서 1위 혹은 2위가 될 수 없는 사업은 모두 폐쇄하거나 매각했다. 170개에 이르는 사업부 중 110개가 사라지고, 10만 명 이상의 직원이 정리되는 등 엄청난 변화가 일어났다. 이 때문에 '중성자탄 잭'이라는 별명까지 얻었다. 이후 GE는 40만 명의 직원이 250억 달러(약 27조 원)의 매출을 올리는 구조에서 31만 명의 직원이 1,300억 달러(약 140조 원)의 매출을 달성하는 조직으로 변신하는 데 성공했다. 이러한 잭 웰치의 카리스마적 리더십은 전 세계 글로벌 기업들의 롤모델로 자리 잡아 지금까지 회자되고 있다.

하지만 카리스마에는 양면성이 존재한다. 카리스마의 전형으로 통하는 히틀러나 나폴레옹의 예에서 알 수 있듯이 불안정하고 폭발적인 리더십으로 세상을 통제 불능의 상태로 몰아넣기도 하기 때문이다. 그러한 위험성 때문에 카리스마에 대한 부정적 시각도 적지 않다. 그렇다면 우리는 카리스마 리더십에 대해 어떤 인식과 태도를 가져야 할까?

카리스마는 이념적 영향력으로, 다른 사람들로 하여금 리더가 제시한 비전과 가치를 따르도록 만드는 특별한 능력이다. 구성원들이 자부심과 존경심을 갖고 자신을 리더와 동일시하며,

신뢰할 만하고 모범적인 롤모델로 삼는 것이다. 그래서 카리스마는 변혁적 리더십의 가장 핵심적이고 필수적인 구성 요소로 평가받는다. 단, 여기서 우리가 구분해서 알아두어야 할 개념이 있다. 영감적 동기부여다. 이는 구성원 스스로 발휘하게 하는 것으로, 미래에 대해 낙관적이고 이상적으로 이야기하며 원하는 미래를 성취하고 싶다는 동기를 갖게 하는 것이다. 카리스마를 이루는 핵심 개념이라고 할 수 있다. 이것을 중심으로 리더십을 발휘할 수 있어야 한다. 따뜻한 카리스마는 그렇게 만들어진다. 영감적 동기부여가 아닌 강력한 영향력만으로 발휘되는 리더십은 경계되어 마땅하다. 우리 모두를 불행하게 만들기 때문이다.

난세에 영웅이 나온다고 한다. 요즘처럼 혼란스럽고 불안한 시대에 따뜻한 카리스마로 명확한 비전을 제시하고 소통과 설득을 통해 타협과 통합을 이끌어낼 수 있는 리더가 나오기를 기대한다.

후보 검증은 미리, 까다롭게

미국에서 고위 관료 후보에 대한 인사청문회는 2개의 절차를 거쳐 진행된다. 하나는 백악관의 사전검증이고, 다른 하나는 상원의 인준이다.

미국 백악관의 엄중한 사전검증

백악관의 후보 사전검증은 해당 부처가 진행하고, 대통령 법률보좌관실에서 검증 과정을 총괄, 감독한다. 검증 과정은 연방수사국(FBI), 국세청(IRS), 정부윤리청(Office of Government

Ethics, OGE)이 실시한 조사 등으로 이루어진다. 후보는 재산공개서(SF-278), 국가 안보 직위를 위한 진술서(SF-86), 백악관 인사진술서(Personal Data Statement Questionnaire) 등의 서류를 제출하고, 서류 제출 전에 '의도적으로 허위 진술을 할 경우에는 연방법에 따라 처벌될 수 있다'는 항목에 서명하게 된다. 백악관에서는 2주 동안 233개의 항목을 조사하는데, 내용은 아래와 같다.

1. 개인과 가족에 대한 사항(61개항)

2. 직업 및 교육적 배경에 관한 사항(61개항)

3. 세금 납부에 관한 사항(32개항)

4. 교통범칙금 등 경범죄 위반 사항(34개항)

5. 전과 및 소송 진행에 관한 사항(35개항)

백악관의 조사 후에는 해당 상임위원회 위원장, 의회의 지도자, 각 정당 및 라인의 지도자들과 협의를 진행한다. 그만큼 엄중하고 공정하게 사전검증이 이루어지는 것이다.

| 미국의 인사청문회 절차 |

백악관 사전 검증 절차	대통령 법률 보좌관실	연방수사국 (FBI)	국세청 (IRS)	정부윤리청 (OGE)
		재산공개서 (SF-278)	안보지위를 위한 질문지 (SF-86)	백악관 인사진술서 (PDSQ)

당사자와의 직접 면담   주요 의회 지도자와 협의

⬇ 후보 인준동의안 상원 제출

기존 자료   자체 정보 수집과
검증 작업

재산공개서 (SF-278)	FBI 검증자료	재산공개서 배경조사서

⬇

상원 후보 검증 절차	상원 상임위원회	인준청문회 개최	진행 순서		
			피지명자 소개 및 추천 발언	피지명자 모두 발언	의원과의 질의응답

⬇

		인준안 의결 및 본회의 심의	진행순서		
			피지명자 소개 및 추천 발언	피지명자 모두 발언	의원과의 질의응답

⬇

대통령에 대한 통지

상원의 인준 절차 5단계

백악관에서 사전검증 절차가 종료되면 대통령이 후보 인준동의안을 상원에 제출한다. 미국 상원의 인준 절차는 크게 5단계로 나누어 진행된다. 대통령의 인준동의안 제출–위원회의 후보 검증–인준청문회 개최–위원회의 인준안 심사보고–본회의 심의 순이다.

한 번으로 끝나는 한국의 인사청문회 절차

국회 동의가 필요한 인사청문

국회의 동의를 필요로 하는 직책은 헌법에 명시되어 있다. 대법원장, 헌법재판소장, 국무총리, 감사원장, 대법관, 국회에서 선출하는 헌법재판소 재판관, 중앙선거관리위원회 위원 등으로 정부가 먼저 이들에 대한 임명동의안을 국회에 제출한다. 이때 국회는 20일 이내에 국회 본회의에 표결을 회부해야 한다. 이들에 대한 인사청문을 위해 '인사청문특별위원회(이하 인사특위)'가 만들어진다. 정수는 13인으로 하고, 인사특위의 위원은 교섭단체 소속 의원수의 비율에 따라 각 교섭단체 대표의원의 요청으로 국회의장이 선임 및 개선(改選)한다. 어느 교섭단체에도 속하지 않은 의원의 위원선임은 의장이 행사한다.

각 교섭단체 대표의원은 인사특위가 구성된 날부터 2일 이내에 의장에게 위원의 선임을 요청한다. 만약에 요청이 없으면 의장이 위원을 선임할 수 있다. 인사특위는 임명동의안이 회부된 날로부터 15일 이내에 인사청문회를 마쳐야 하는데, 인사청문회 기간은 3일 이내로 한다. 인사특위가 청문회 결과를 문서로 작성하여 국회 본회의에 보고한다. 국회의원의 과반수 출석과 과반수 찬성이 있으면 임명동의안이 통과된다.

국회 동의가 불필요한 인사청문

국회의 동의를 필요로 하지 않는 경찰총장, 검찰총장, 국가정보원장, 국세청장, 대통령과 대법원장이 임명하는 국무위원, 헌법재판소 재판관, 중앙선거관리위원회 위원 등에 대한 인사청문회는 인사특위가 아닌 소관상임위에서 이루어진다. 국회는 정부로부터 인사청문 요청안을 받으면 20일 이내에 심사 또는 인사청문을 마치고 인사청문경과보고서를 제출해야 한다. 그러나 부득이한 경우 대통령(또는 헌법재판소 재판관 및 중앙선거관리위원회 위원을 임명하는 대법원장)은 10일의 범위 이내에서 기간을 연장하여 인사청문경과보고서를 송부해줄 것을 국회에 요청할 수 있으며, 그래도 보고서가 제출되지 않을 때는 대통령 및 대법원장은 보고서 없이(혹은 인사청문회 없이) 임명 또는

지명할 수 있도록 되어 있다.

달라도 너무 다른 한국과 미국의 인사 정책

한국의 인사청문회에서 나오는 질문들은 주로 개인의 신상 문제나 가족에 관한 사항들이다. 반면에 미국의 인사청문회는 대부분 정책과 운영 방안 등에 관한 질문이 주를 이룬다. 이런 차이가 발생하는 이유는 분명하다. 한국에서 쟁점이 되는 사항들이 미국에서는 사전조사에서 미리 검증되고, 문제가 드러

| 한국과 미국의 인사청문회 차이 |

한국의 인사청문회(예)	미국의 인사청문회(예)
• 병역면제의 사유와 병역회피 의혹 • 위장전입, 부동산 다운계약서 문제 • 장남의 이중국적 문제 • 공직자 재산등록의 성실성과 세금탈루 여부 • 국무총리의 역할과 임무에 대한 입장	• 국무장관과 클린턴재단의 조화 방안 • 국무부 직원의 증원 필요성에 대한 입장 • 이란 핵 문제, 아프가니스탄 정책 등 • 국가 안보 차원에서 에너지 확보 방안 • 여성 인권, 난민 문제 등 미국의 외교 정책

나면 인선 자체가 이루어지지 않기 때문이다. 즉, 후보와 관련한 어떤 쟁점이나 의혹이 있으면 사전에 꼼꼼히 파악하여 결격 사유가 나타나면 아예 인사청문회에 넘기지 않는 것이다. 간단한 것 같지만, 한국에서는 보기 힘든 모습이다.

한국과 미국은 인사 정책에서도 큰 차이를 보인다.

첫째, 한국에서는 대통령의 인사를 견제하는 것이 쉽지 않다. 설사 인사청문회에서 의혹이 제기된다 해도 국회 표결에 들어가면 거대 여당이 대통령의 손을 들어주기 때문이다. 미국에서는 있을 수 없는 일이다.

둘째, 한국에서 후보 선정은 철저히 대통령 중심으로 이루어

| 한국과 미국의 인사 정책 차이 |

한국 대통령의 인사 정책	미국 대통령의 인사 정책
• 지역과 라인에 따른 인맥 중심 인선 • 거대 여당의 경우 국회인준 결의 가능 • 후보자의 자질보다 대통령과의 관계 • 대통령은 범죄 사실이나 과거의 행적보다 앞으로 정책을 잘 수행할 수 있다고 믿고 무조건적인 적극 지지와 선정으로 인사청문회는 형식적인 단계	• 범죄 사실의 후보자 절대 인선 하지 않음 • 도덕적 문제가 있는 후보는 아예 제외 • 상원인준 거부 여지 후보자 인선 금지 • 대통령 인선 후보자의 인준 거부는 대통령 행정부에 대한 불신으로 이어지기 때문에 절대적으로 인준을 받을 수 있도록 대통령 자신이 철저히 검증하고 조사하고 인선

진다. 미국과 달리 후보의 도덕적 흠결이나 범죄 경력 등에 대한 사전조사가 미흡한 데다, 언론보도 등을 통해 후보의 문제점이 드러난다고 해도 대통령이 원하면 여당이 밀어붙이기식으로 진행하기 때문이다.

셋째, 한국에는 출세를 위해서라면 도덕도 양심도 나 몰라라 하는 후보가 많다. 언론과 여론이 문제 제기를 해도 꿈쩍도 하지 않는다. 대통령을 믿기 때문인지도 모른다. 미국에서는 후보의 비리가 드러나 확인되면 바로 사퇴한다. 그것이 전통처럼 되어 있다.

빌 클린턴 정부 시절에 부통령을 지낸 앨 고어는 남부 젠틀맨의 이미지를 계속 유지하여 마침내 민주당 대통령 후보가 되었고, 공화당의 조지 부시와 대결하게 되었다. 모두가 그의 승리를 예상했다. 그런데 악재가 터졌다. 앨 고어가 백악관 집무실에서 전화로 모금운동을 한 사실이 드러난 것이다. 연방정부 건물 안에서는 정치자금 모금활동이 금지되어 있는데, 이를 깜빡했던 것이다. 앨 고어는 2004년 대선을 준비하던 도중 전격적으로 불출마를 선언했다.

의원 출신의 빌 리처드슨도 비슷한 경우였다. 유쾌하고 인간성도 좋은 그는 클린턴 정부에서 유엔대사와 에너지부 장관을 역임하고 멕시코 주지사에 당선되어 민주당에서는 '떠오르는 별'로 평가받으며 2008년 민주당 대통령 후보 경선에 출마하기도 했다. 그의 경쟁자였던 오바마가 대통령에 당선되고 나서 그를 상공장관으로 지명했는데, 지역구의 한 기업과 유착한 의혹이 불거지면서 청문회 직전에 스스로 물러났다. 자신 때문에 오바마 행정부에 누가 될까 걱정했기 때문이다.

최선의 리더를 뽑기 위한 7년의 여정

20년간 GE 회장의 자리를 지킨 잭 웰치가 2001년 9월 퇴임했다. 그의 자리를 물려받은 사람이 제프리 이멜트다. 잭 웰치에서 제프리 이멜트로의 승계 과정은 결코 간단치 않았다. 약 7년이라는 시간 동안 23명의 후보들에 대한 철저한 검증 과정을 거친 결과였다. 이 과정은 경영권 승계의 모범 사례로 업계와 학계에서 널리 인정받고 있다. 잭 웰치의 자서전 《끝없는 도전과 용기(Jack : Straight from the Gut)》을 보면 그에 얽힌 이야기가 나온다.

1993년, 잭 웰치(당시 58세)는 다음과 같은 생각을 하고 있었다. 2001년 예정된 은퇴 시점에서 자신의 뒤를 이을 후계자가

GE 역사상 최고의 리더가 되었으면 좋겠다고 생각했다. 또 어떠한 정치적 요소도 배제한 채 이사회가 후보를 선정하는 과정에 깊이 관여할 수 있게 하고 싶었다. 그는 1993년 말부터 GE의 차기 리더를 선발하는 준비 작업에 들어갔다. 그의 임기 7년여를 남겨두고 장기간의 승계 준비에 착수한 것이다.

23명의 후보가 3명으로

본격적인 준비를 시작한 1994년, 잭 웰치는 후보 리스트를 작성하면서 경영자가 갖추어야 할 자질을 정리했다. 비전, 리더십, 결단력, 용기…. 그런데 그것만으로는 후보를 선정하기에 어려움이 있었다. 자신이 열거한 요건들을 모두 충족시키는 후보는 존재하지 않았기 때문이다. 선정 기준과 우선순위를 정하는 등의 고민과 노력 끝에 핵심 인재 16명을 포함한 23명의 후보가 확정되었다. 연령대는 38~58세였다. 1994년 6월, 잭 웰치는 경영권 승계에 대한 공식 입장 발표와 함께 23명의 명단을 공개했다. 이때부터 명단에 포함된 후보들은 경영권 승계를 염두에 두고 매사 의사결정에 신중을 기해야 했고, 회사는 후보들에 대한 관찰과 시험에 집중하게 되었다.

이러한 과정을 거쳐 1998년에 후보가 8명으로 압축되었다.

여기서 제외된 후보들 중에는 중간에 다른 회사로 자리를 옮기거나 다른 이유로 GE를 떠난 경우도 있었다. 곧이어 8명의 후보들에게는 중요 직책이 부여되었다. 전략적 중요 지역이나 사업부를 맡겨 경영 능력을 평가하기 위함이었다. 잭 웰치는 공식적인 업무 외에도 비공식 모임에 후보를 부르거나 파티에 후보의 가족을 초대하는 등의 방식으로 후보들을 관찰하기도 했다. 1998년, 잭 웰치는 몇 가지 지침을 전달했다. 강력한 리더가 되어라, 비정상적인 경쟁을 최소화하라, 검증 과정이 끝나도 GE에 남기를 바란다 등이었다. 희망사항을 담은 지침이었다.

1998년 말, 드디어 마지막 3명의 후보가 결정되었다. 의료기기사업부의 제프리 이멜트, 발전설비사업부의 밥 나델리(Bob Nardelli), 그리고 항공기엔진사업부의 짐 맥너니(Jim McNerney)가 그들이었다. 40대의 젊은 세 후보가 마지막 결승선을 남겨놓고 있었다. 누가 최종 승자가 될지는 아무도 알 수 없었다. 세 사람 모두 탁월한 경영 능력을 보여주었기 때문이다. 그들에게 난처한 질문도 던져졌다. 최고경영자의 자리에 오르지 못해도 GE에 있겠는가 하는 질문이었다. 이에 두 사람은 회사를 떠나겠다고 답했고, 한 사람은 남겠다고 말했다. 잭 웰치의 바람대로 이루어질 수 없는 현실을 확인하는 순간이기도 했다.

그가 회장이 될 수 있었던 까닭

2000년 9월, 잭 웰치 회장은 제프리 이멜트를 차기 GE 회장으로 결정하고 이사회 승인을 거친 다음, 즉시 제프리 이멜트에게 전화를 걸어 축하해주었다. 제프리 이멜트를 낙점한 이유는 뛰어난 전략적 사고와 첨단 기술에 대한 이해, 그리고 무엇보다 탁월한 리더십을 갖춘 경영자라는 판단 때문이었다.

2000년 11월 27일, GE의 차기 회장 선임에 대한 기자회견이 열리고, 마침내 잭 웰치의 뒤를 이을 사람이 세상에 공개되었다. 이 소식은 각종 언론에 대대적으로 보도되었고, 제프리 이멜트는 사람들의 축하와 기대 속에 GE의 회장 자리를 물려받게 되었다. 짐 맥너니는 그로부터 10일이 채 안 되어 3M의 CEO가 되어 회사를 떠났고, 밥 나델리 또한 홈디포의 CEO로 자리를 옮기게 되었다.

한국을 방문한 잭 웰치가 초청 강연회에서 경영자들에게 강조한 말이 있다. 인재의 중요성이다. 그는 GE의 '4E', 즉 Energe(새로운 시장에 진출할 때 필요한 에너지), Energize(직원들에게 에너지를 불어넣는 능력), Edge(단호함, 결단력), Excute(실행력)를 예로 들면서 한국의 경영자들에게는 이러한 능력이 충분하며, 조직의 가치와 인재 육성을 연계하는 것이 성공에 가장 중요한 요소라고 말했다. 실제로 GE는 가치를 중시하는 그의 리더십 아래 핵심 인재들을 양성하고 성과에 대한 적극적 보상을 통해 괄목할 만한 성장을 이루어냈다.

유능하다면 친척이라도
가리지 않겠나이다

　앞에서 이미 언급했지만, 세종의 주위에는 다수의 유능한 재상이 포진해 있었다. 그들은 능력이 출중했지만 저마다 결점이 있었다. 하지만 세종은 무엇보다도 능력을 중시했다. '누가 능력 있는 인재인가?'라는 잣대를 가지고 인재의 등용 여부를 결정했다. 그러면 세종시대의 인재 검증은 어떻게 이루어졌을까?

세종시대의 인재 검증법

세종의 치세를 가능하게 한 인물은 한둘이 아니었다. 그중에서도 중심인물이 있었는데, 중용을 실천한 황희, 도가적 성향의 맹사성, 문장과 예법에 밝은 변계량, 원칙을 강조한 허조 등이었다. 이들 가운데 세종의 인사를 담당한 재상은 허조였다. 허조는 10년간 이조판서를 지내면서 인사 시스템을 정립하는 한편, 추천된 인물들을 검증하는 데 전력을 다했다. 그의 검증 과정은 크게 3단계로 이루어져 있었다.

첫 번째는 인사담당 사무관 격인 이조낭관(吏曹郎官)의 꼼꼼한 확인과 선별이다(揀擇, 간택. 가려서 뽑음). 어떤 관직에 누가 추천을 받더라도 제일 먼저 이조의 낭관을 시켜 세밀하게 확인하게 했다. 낭관은 해당 후보의 경력, 자질, 가족관계, 그리고 부패 혐의까지 모든 것을 꼼꼼하게 검증했다.

두 번째는 이조 내부의 토론이다(評論, 평론. 평가하여 논함). 인사담당 사무관이 해당 후보를 검증해서 간택하면 이조의 관원들이 함께 모여 토론에 토론을 하게 했다. 그 후보가 해당 관직에 적절한 사람인지, 혹시 더 적절한 사람은 없는지 서로 의견을 제시하고 생각을 공유했다.

세 번째는 이조 밖의 여론을 들어보는 것이다(衆議, 중의. 여러 의견). 이조 내부에서는 '적합' 판정이 나오더라도 조정 안팎의 여론이 좋지 않을 수 있다. 특히 고위 관직의 경우에는 후보의 역량이 뛰어나도 여론이 좋지 않으면 안 되기에 필히 확인했다.

이렇게 세종시대의 인사는 반드시 인사담당 사무관, 이조 내부의 의견, 그리고 이조 밖의 여론을 확인하고 종합한 연후에 결정되었다. 그런데 허조에게는 이와는 별도로 더 중요하게 생각하는 원칙이 있었다. 선공후사(先公後私), 즉 공적인 자세를 인재 검증의 근본으로 삼은 것이다. 위의 3단계 역시 이와 같은 원칙 위에서 진행되도록 했다. 이에 관한 세종과 허조의 대화가 《세종실록》에 실려 있다.

세종 사람들이 말하기를, 경이 사사로이 좋아하는 자를 임용한다고 하는데, 그게 사실인가?

허조 진실로 그 말과 같사옵니다. 만일 그 사람이 현재(賢才)라면, 비록 친척이라 하더라도 신이 피혐(避嫌. 혐의를 피함)하지 않습니다.

선별 기준은 '우리에게 필요한 리더인가'

한국은 학연·지연·혈연의 3연을 바탕으로 만들어진 인맥 사회다. 특히 선거철만 되면 지역감정이 고개를 들고, 학연과 혈연 또한 유세에서 빠지지 않는다. 정책이나 후보에 대한 객관적 평가보다 친소관계나 이해관계에 얽매이는 경향이 강하다. 이념적 대결도 만만치 않다. 대선의 경우에는 더욱 그렇다. 온 나라가 지역으로 나뉘고, 보수와 진보로 갈리고, 여와 야의 편이 되어 서로를 적대시하며 공격한다. 각 후보를 중심으로 유권자들이 편을 가르고 싸움까지 벌인다. 반목과 질시가 횡행하는 가운데 혼란이 극심해진다. 나라의 미래를 위한 진정한 리더가 나올 리 없다.

모두에게 세종시대의 '공적인 자세'가 필요하다. 한국 사회에 만연한 '3연'으로는 이 나라를 통합과 발전으로 이끌어갈 리더를 선별해낼 수 없다. 내 편인가 아닌가가 아닌, 내가 살고 있는 이 나라가 필요로 하는 리더인가를 냉정히 따져보아야 할 것이다.

당신에게만 알려주는 비밀 이야기 03

대부분의 기업에서 진행하는 채용제도는 서류전형과 필기시험, 그리고 면접이다. 지원자들은 스펙이 엇비슷하다. 면접장에서는 달달 외운 모범 답안을 내놓는다. 열정과 성실성, 적응력, 팀워크 중시 같은 뻔한 대답들이다.

사람이 쓰러졌다! 어떻게 하겠는가?

유럽의 한 회사에서 신입사원을 채용했는데, 1,700여 명의 지원자 중에서 단 한 명이 합격했다. 이보다 더 놀라운 것은 면접을 보는 방식과 감동적인 결과 발표였다.

이 회사는 일반적인 서류와 면접으로만 평가하는 것이 아니라 각종 돌발 상황을 연출하여 그에 대한 대처 능력을 시험하고 내재화된 가치를 확인한다. 예를 들면 이런 식이다. 면접을 보고 있는데 갑자기 면접관의 표정이 나빠지는가 싶더니 일어났다가 쓰러진다. 이때 지원자들은 어떻게 해야 할까? 올바른 대처 방안은 냉철한 판단으로 외부 직원에게 도움을 청하는 것, 그리고 적극적으로 자신의 지식을 활용하여 면접관의 정신을 확인하고 응급처치를 실시하는 것이다. 다음 면접에서는 또 다른 돌발 상황이 기다린다. 급작스러운 안내방송으로 건물에 있는 직원들에게 대피 지시를 내리고, 옥상에서는 한 남자가 탈출을 위해 뛰어내리려고 한다. 건물 밑에서 구조대원이 그를 구하려고 하지만, 인력이 부족해 주변인들에게 도움을 요청한다. 여기서 지원자들 대부분은 건물을 빠져나가느라 정신이 없지만 직원을 살리려고 구조대원을 열심히 돕는 지원자가 있다. 이렇게 해서 3명의 최종 후보가 정해지면, 동영상을 제작하여 홈페이지에 게시한 다음 직원들에게 직접 투표를 실시한다. 그 결과를 토대로 최종 1인을 확정하여 유럽챔피언스리그가 진행되는 스타디움에 초청한다. 그리고 경기가 시작되기 전, 대형 화면에 그의 면접 때 모습이 나오고 합격을 축하한다는 내용의 자막이 흐른다. 축구장 한가운데에는 합격자가 서 있다.

이런 영화 같은 면접이 가능하다고 보는가? 실제로 있었던 일이다. 회사는 네덜란드의 맥주 브랜드 하이네켄이다. 하이네켄은 이처럼 놀랍고 새로운 시도로 지원자에게 내재화된 가치를 확인하고, 자신에게 맞는 회사의 일원으로 일할 수 있는 동기부여까지 선사하며 면접 방식에서 특별한 전환점을 마련해주었다.

2016년 우리나라에서도 하이네켄의 면접과 비슷한 상황이 연출되었다. 면접장이 있는 건물에서 민방위훈련 경보음이 울렸다. 모두가 당황해서 웅성거리고 있을 때 면접을 보던 한 지원자가 심사위원에게 "순발력 테스트를 하시는 건가요? 아니라면 다 같이 대피훈련에 참가해야 하지 않을까요?"라고 말했다. 잠시 어수선했던 면접장은 그의 재치로 차분해졌고 지원자는 최종 합격했다. 국내 최대 철도개발업체인 현대로템에서 있었던 일이다. 지원자들의 침착성과 냉철한 판단력을 확인하기 위한 면접으로 화제가 되었다.

준비된 리더가 갖추어야 할 4가지 조건

'타고난 능력을 갖춘 사람은 열심히 하는 사람을 못 당하고, 열심히 하는 사람은 즐기며 하는 사람을 이기지 못하고, 즐기며 하는 사람은 오래 준비한 사람을 능가할 수 없다'는 말이 있다. 기업의 경영자나 한 나라의 정치가도 다르지 않다. 준비를 오래 한 사람이 낫다. 그러면 리더는 어떤 준비를 하고 있어야 할까?

첫째, 방향과 원칙이 준비된 리더라야 한다. 미션, 비전, 핵심 가치에 대한 자기 소신이 있어야 한다. 다시 말해서 업의 본질(why)을 정의하고, 미션이 구현된 모습(what)을 제시하고, 업무를 수행할 때의 기준과 방법(how)을 확립하고 있어야 한다.

둘째, 진정성 리더십(authentic leadership)을 갖춘 리더라야 한다. 진정성 리더십의 충분조건은 리더의 정체성 확립이고, 필요조건은 정체성을 실현하는 행동이다. 리더가 어디를 향해 가고 있으며, 어떤 방법과 행동을 취하고 있는지가 리더의 정체성을 말해준다. 목적지에 도달하는 과정에서 변화와 혁신을 이루어야 하는데, 성패의 관건은 구성원들과의 신뢰관계다. 리더는 일관성 있는 언행으로 신뢰를 구축해가야 하며, 그것에 성공하면 구성원들과 함께 목적지에 도달하는 속도가 빨라지게 된다.

셋째, 소통의 리더십을 발휘할 줄 아는 리더라야 한다. 리더에게 소통은 경청이고, 코칭은 질문이다. 말하기보다 많이 듣고 물어야 한다. 효과적인 질문으로 구성원들 가슴속에 잠자고 있는 거인을 깨워야 한다. 구성원들은 리더가 던지는 질문의 크기만큼 성장함을 기억해야 한다.

넷째, 변화와 혁신이다. '3%의 원가절감은 어려워도 30%는 가능하다'는 말이 있다. 변화에는 점진적 변화(slow change)와 근원적 변화(deep change)가 있다. 많은 경영자가 점진적 변화를 추구한다. 그러나 거대한 변화가 갑자기 몰려오면 점진적 변화는 점진적 죽음(slow death)으로 직결되는 경우가 많다. 저성장 상시 위기의 시대에 기업들이 투자를 아끼며 최소한의 변화를 꾀하는, 이른바 숨고르기 경영을 하고 있는데, 언제 쓰나미와 같은 변화를 몰고 올지 모르는 4차 산업혁명의 시대가 근원적 변화를 요구하고 있음을 알아야 한다. 리더는 자신이 변화와 혁신에 앞장서고 있는지 늘 돌아볼 필요가 있다.

준비된 리더라면 다음의 질문에 자신 있게 '예스'라고 답할 수 있어야 한다(리더 후보를 평가할 때도 그렇다).

- 미션, 비전, 핵심 가치를 중시하고 실천해오고 있는가?
- 진정성 리더십을 보여주고 있는가?(특히 정직성과 신뢰)
- 코칭과 임파워먼트를 중시하는 Y이론형(인간존중형)인가?
- 근원적 변화와 혁신에 앞장서고 있는가?

4장

코칭받는 리더는
실패하지 않는다

성공하는 리더 만들기 · 성공하는 리더 되기

리더의 위치는 '위'가 아니다

한 지인이 미국에서 선거 캠페인에 참여했다. 로버트 케네디 상원의원 서거 후에 치러진 보궐 선거였다. 케네디 의원의 장례식 기간에 주민들이 보여준 모습에서 정치 리더란 어떤 존재인가를 많이 생각하게 되더라고 했다. 눈물을 지으며 추모하는 주민 한 사람 한 사람에게 케네디 의원은 무언가 의미 있는 존재였다. 히스패닉 주민들에게 어떤 위로의 말을 했고, 아시아계 주민들에게는 무엇을 선물했고 어떤 배려를 했는지 주민들은 기억하고 있었다. 한마디로 리더와 주민 사이에 정서적 연결 고리가 있었다. 지인이 생각하는 정치 리더는 그런 존재였다. 인기 있는 스타가 아니라 아픔을 토로할 때 위로해주는 사람이고, 원하는 바를 말할 수 있는 대상이며, 생활 조건의 향상을 위해 주민들을 대변하고 돕는 인물이었다.

선거에 출마한 후보들은 지역구 사람들을 만나 대화하는 걸 즐기는 편이다. 사람들이 모여 있는 카페에 들러 인사를 나누고, 자신의 정책이나 공약을 간단한 메시지로 전달하며 흔쾌히 어울린다. 연설하고, 질문에 답하고, 토론하는 데 많은 시간을 보낸다. 특이한 점은 선거운동 기간에 후보의 기운이 떨어지고 지친 기색이 있거나, 경쟁자와 비판자들 때문에 의기소침해져 있는 것 같으면 선거캠프가 후보와 주민들의 대화 자리를 주선하는 것이다. 거기서 에너지를 받고 오기 때문이다. 지인은 후보가 주민들을 만나 생각을 나누고 자신이 왜 정치를 하려고 하는가를 다시 정리하면서 기운을 회복한다고 했다.

그 후 지인은 한국에 와서 국회의원 선거운동 캠프에서도 활동했다. 후보의 활동 방식이 미국과는 매우 달랐는데, 그중에서도 가장 큰 차이는 사람들과의 거리였다고 한다. 후보가 사람들 만나는 걸 그다지 좋아하지 않는 것 같다는 거다. 모르는 사람들에게 가서 대화하는 걸 부담스러워한하고, 지지자들과의 자리도 생각보다 피곤해한다고 한다. 민원이나 청탁이 따라오는 경우가 많아서 그렇다는 것이다. 물론 한 사람의 케이스를 일반화할 수는 없지만, 적어도 정치 리더를 바라보는 관점은 추출할 수 있을 것이다.

정치 리더의 본질은 무엇일까? 주민의 대표로 선출됨으로써 집단으로부터 위임된 권력을 갖게 되는 정치인, 그의 정체성은 대표성에서 나온다. 그러므로 자신이 대표하고 있는 집단 구성원들의 정체성과 동일시하는 것이 자연스럽게 이루어진다. 개인으로서는 자연인이지만 공적 영역에서는 '우리'라는 집단의 대표이기 때문이다.

리더가 있어야 할 곳은?

대표라는 말의 진정한 의미는 무엇일까? 가장 뛰어난 사람이라는 뜻이 아니다. 대표는 영어로 representative인데, 이는 대표하다, 상징하다, 변화하다, 담당하다는 의미를 가진다. 즉, 대표란 집단의 구성원들 중에서 가장 뛰어난 사람이 아니라, 집단을 진정으로 대변할 수 있는 사람이라는 뜻이다. 구성원들의 삶의 고통과 희망을 이해하고, 그들의 욕구를 충족시키는 일이 대표가 해야 할 일이다. 여기서 욕구란 꼭 이미 가시화되어 드러난 것만을 말하는 것이 아니다. 때로는 본인들도 의식하지 못하는 잠재된 욕구가 있는데, 이런 잠재된 욕구, 미래의 욕구까지 탐지하여 반영할 수 있어야 한다. 그게 비전이다.

또한 집단을 대표해야 하기 때문에 '소통 능력'이 가장 중요한 덕목의 하나가 된다. 집단의 삶의 현상을 파악하는 것도, 미래의 비전을 나누는 것도 원활한 소통이 있어야 가능해진다. 특히 조직의 현상이란 살아 움직이는 유기체의 생명 활동과 같이 시간과 함께 변화해가는 것이기 때문에 쌍방향의 활발한 소통을 얼마나 할 수 있느냐가 리더십의 효과성을 높이고 집단 전체를 발전시키는 데 필수적인 관건이라고 할 수 있다.

그런 의미에서 리더는 집단의 위에 있는 존재가 아니다. 집단이 이루는 네트워크의 중심, 즉 허브에 있는 사람이다. 현대의 조직은 단층적이지 않고 다층적이며, 복잡한 연결 고리로 이루어져 있다. 이러한 조직에서 리더에게 가장 중요한 것은 조직도상의 꼭대기에 존재하는 것이 아니라 어떻게 영향을 미치는가이다. 문제가 생겼을 때 사람들은 누구를 찾아가는가, 누구의 의견을 듣고자 하는가, 누구의 말에 가장 영향을 받는가 하는 것을 분석해야 한다. 그러면 복잡한 네트워크 속에서 누가 집단에서 가장 많은 영향을 미치는가를 분석할 수 있다. 그가 바로 리더다. 그는 집단의 네트워크에서 중심에 위치한다. 사람들이 언제든 찾아갈 수 있는 곳이다. 그런 의미에서 바퀴살의 중심부인 허브는 리더의 상징이라 할 수 있다.

후보에 대한 확실한 판단 기준 3가지

리더십에 대한 정의는 많지만, 리더십이 발생하는 데는 3가지 핵심적 요소가 있다. 리더와 팔로워 그리고 공동의 목표다. 즉, 리더와 그를 따르는 팔로워가 함께 달성하려는 목표가 있을 때 리더십이 발생하는 것이다. 나아가고자 하는 곳, 달성하고자 하는 목표가 없다면 리더십은 성립되지 않는다. 결국 리더십이란 집단의 목표를 효과적으로 달성하기 위해서 팔로워들에게 영향을 미치는 행위다. 이것이 리더십의 본질이다. 리더의 핵심 역할 또한 이러한 리더십의 본질에서 비롯된다.

리더의 핵심 역할은 첫째, 방향을 분명히 하는 것이다. 즉, 공동의 목표를 분명히 하고, 사명과 비전을 만들어 그것을 달성할 전략을 세우는 일이다. 혼자가 아니라 집단을 참여시켜 그들의 원망(願望)을 반영할 때 더 효과적으로 해낼 수 있다. 둘째, 팔로워들에게 영향을 미치는 것이다. 그들이 목표에 헌신하도록 지속적으로 동기부여하고 배려하며, 주도적으로 일할 수 있게 임파워먼트하고 육성하는 일이다. 셋째, 효과적으로 실행하는 것이다. 목표에 맞게 조직과 시스템을 한 방향으로 정렬시키고 현장에서 전략을 실천하도록 만드는 일이다.

리더라면 핵심 역할을 제대로 수행하는 데 시간과 에너지를 쓰는 것이 당연하다. 하지만 리더가 되고서도 실무자 시각에서 벗어나지 못하고 자기 책상 위에 놓인 서류와 이메일 처리만 일로 생각하는 경우가 흔하다. 그때그때 일어나는 문제를 수습하거나 시급한 상황에 대처하는 데만 매달려 조직이 어디로 가고 있는지를 차분하게 되돌아보지 못하는 리더가 많다. 실무에 바빠 비전과 전략은 1년에 한 번 사업 계획 세울 때만 고민한다. 조직 전체를 같은 방향으로 이끌어갈 구조와 시스템을 만들고 개선해나갈 여유가 없다고 말한다. 구성원들을 면담하고 그들의 일에 대해 피드백하고 코칭하는 데 쓸 시간이 거의 없다고 말하는 리더도 많이 봤다. 어떤 이유에서건 자신의 핵심 역할을 수행하지 못하는 리더들은 자리를 내놓는 게 차라리 나을 것이다. 사람과 조직을 이끄는 것을 제대로 이해하지 못하고 배우려고도 하지 않기 때문이다.

위기 상황이라는 말을 입에 달고 사는 리더가 있었다. 새벽에 출근해서 야근은 기본이고, 주말에도 나와 회의를 하고, 식사할 시간도 제대로 없이 일에 파묻혀 사는 사람이었다. 그런데 그가 하는 일이란 길고 비생산적인 회의와 구성원들이 해온 일을 교정하는 것, 질책하는 걸로 구성되어 있었다. 그는 꿈에도 몰랐을 것이다. 자신이 조직의 생산성을 떨어뜨리는 주범이라는 사실을. 적절히 일을 위임하지 못하고, 서류의 자구 하나하나를 들여다보며 꼼꼼하게 수정하려니 당연히 힘들고 시간이 많이 걸릴 수밖에 없다. 그만한 가치가 없는 일인데도 말이다. 회의도 상황을 공유한다는 명목으로 특별한 역할이 없는 사람까지 모두 참석시켜 서너 시간씩 진행했다. 구성원이 일찍 퇴근하는 것에 대해 노골적으로 반감을 드러내어 눈치 보며 야근하는 분위기를 만들었다. 그가 하는 모든 일이 서서히 조직의 생산성을 저하시키고 냉소적인 분위기를 확산시켰다. 그럼에도 그는 제발 조직이 활기차고 긍정적이며 효율적이길 바란다고 말했다.

올바른 리더를 선출 혹은 선발하려면 어떻게 해야 할까? 후보가 리더의 3가지 핵심 역할을 얼마나 잘 수행할 수 있는가를 기준으로 판단하면 될 것이다. 그리고 그 판단은 리더 후보가 지금까지 이룬 업적과 역량에 대한 평가를 통해 내리면 될 것이다. 업적은 그 사람이 과거부터 현재까지 쌓아온 결과이자 스스로를 입증하는 기록이다. 이에 비해 역량은 과거뿐 아니라 미래에 어떤 일을 해낼 수 있을지를 보여주는 잠재 역량까지 포함한다.

당신의 코치는 누구?

GE의 CEO로 오랫동안 재임한 잭 웰치에게도 코치가 있었던 것으로 알려진다. 그는 전략에 대해, 사람 관리에 대해, 그리고 실행력에 대해 각각의 코치를 두고 늘 코치와 토론하며 자기 생각을 비추어보는 성찰의 공간을 가졌다고 한다. 그렇게 해서 해당 사안을 깊이 생각하고 의사결정을 하는 데 필요한 시각을 얻을 수 있었다.

코칭이라고 하면 흔히 옆에서 '한 수 가르쳐주는 것' 정도로 생각한다. 리더가 되었으면 자기 역량으로 해나가야지 코칭이 왜 더 필요하냐며 쓸데없는 일로 치부해버리곤 한다. 하지만 그건 코칭의 진정한 의미에 대한 오해에서 비롯된 반응이다.

코칭은 가르치거나 훈수를 두는 일이 아니다. 코칭받는 사람의 생각을 이끌어내고 잠재된 가능성을 찾도록 하는 일이다. 5만 명 이상의 전문코치들이 가입한 국제코치연맹(International Coach Federation)은 코칭을 '코칭받는 사람의 개인적 직업적 잠재력을 극대화하기 위해 생각을 깨는 창의적 프로세스를 통해 영감을 주는 파트너가 되는 것'으로 정의한다. 즉, 성찰의 공간을 제공하여 스스로 생각을 깨도록 영감을 주는 것이 코칭의 본질이다. 한마디로 코칭은 잠재력을 개발하여 개인이나 조직이 보다 효과적으로 목표를 달성할 수 있도록 필요한 툴과 지식을 제공하는 프로세스다. 또한 지속적인 성장으로 '최고의 나'가 되어 계속해서 능력과 적성을 발휘할 수 있도록 디자인된 상호협력 과정이다. 업무 성과, 수행 수준, 창의성, 추진력과 변혁 능력을 강화하는 전문적 훈련과 스킬의 집합이다.

CEO에게 코치가 필요한 이유

미국을 비롯한 선진국은 물론 국내에서도 코칭은 기업의 CEO와 임원, 공공기관의 경영자 등 고위직 리더들의 역량을 개발하는 방법론으로 자리 잡아가고 있다. 고위직 리더들에게 코치가 필요한 이유는 분명하다. 우선 그들은 바쁘게 돌아가는 일을 처리하는 동시에 역량을 개발해야 한다. 지식 습득이 아니라 현장의 문제에 초점을 맞추어 더 큰 능력을 발휘할 수 있어야 한다. 그래서 즉시 학습, 성찰과 재검토의 경험 학습이 필요하다. 게다가 이해당사자들로 둘러싸인 그들에게는 무엇보다 중립적인 지대의 사고 파트너가 중요하다. 이해당사자들과는 허심탄회하게 속 깊은 이야기를 나누거나 다른 시각을 얻기가 어렵다. 과거처럼 가까운 분들의 조언을 구할 수도 있지만 부분적이거나 주먹구구이기 쉽다. 체계적으로 훈련을 받은 전문코치들과 함께 경영과 리더십, 커리어 전반을 개발해나갈 필요성이 어느 때보다 커졌다. 승진이나 영전, 스카우트 등으로 새로운 역할을 맡은 리더들도 마찬가지다.

〈하버드 비즈니스 리뷰〉가 코칭을 실행하는 조직과 담당자들, 코치들을 상대로 조사 분석한 결과를 실었는데(What Can Coaches Do for You?, Harvard Business Review Jan. 2009), 리더들이 코칭을 받는 가장 큰 이유는 '핵심 인재의 개발과 변화 적응을 위해서'가 48%, '리더의 생각을 나누는 파트너 역할'이 26%, '문제 있는 행동의 교정' 목적이 12%였다. 즉, 행동 교정보다는 능력 개발과 성찰의 공간을 위한 것이었다. 위로 올라갈수록 코칭이 필요하다. 세계 최대의 코치 양성 전문기관인 CCU(Corporate Coach University)의 샌디 바일러스(Sandy Vilas) 대표는 예전에는 CEO들이 만나면 서로 "당신에게도 코치가 있느냐?"고 물었는데, 이제는 질문이 "당신 코치는 누구냐?"로 바뀌었다고 한다. 코치를 두는 게 당연해졌다는 말이다.

그동안 기업과 공공조직의 리더로서 코칭을 받았던 사람들이 얻은 혜택에 대해 공통적으로 이야기한 내용을 정리해 소개한다.

첫째, 자기 자신을 객관화하는 데 도움이 된다. 리더로 일하다 보면 조직의 과업 수행에 몰입하여 자신을 돌아보기 어렵다. 자신이 잘하고 있는지, 무엇이 부족한지, 다른 리더들은 어떤 생각을 하는지 등 객관적인 시각을 갖는 게 절실하다. 코칭은 그런 면에서 주관적 상태에 놓이기 쉬운 리더들에게 객관화하는 장을 제공한다.

둘째, 코칭은 목적의식을 확실히 하고 전략적으로 행동하는 걸 도와준다. 리더가 해야 할 역할이 무엇이고, 조직의 목표와 사회적 사명은 무엇인지를 명료하게 해준다. 목적이 분명해지면 우선순위를 정하고 그에 따라 전략적으로 행동하게 된다. 시간과 에너지를 중요한 곳에 사용하게 된다는 것이다.

셋째, 성찰을 통해 자신을 돌아보고 성장할 수 있다는 점이다. 개인의 개발은 분야와 경력을 넘어서 지속된다. 일이 많고 바쁘더라도 성장을 계속해나가려면 안전하고 솔직한 성찰의 공간이 필요하다. 코칭이 바로 그런 공간을 제공한다. 판단받지 않고 어떤 이야기든 할 수 있고 비밀이 보장되는 안전한 공간

이자, 뭔가 새로운 도전을 할 수 있게 용기를 주는 격려의 공간
이기도 하다. 리더는 여기서 일과 삶의 균형점을 잡고 배움과
개발을 통해 더 나은 상태를 지향하게 된다.

코칭의 핵심은 '의식'과 '책임'

코치는 경청하고 질문하고 피드백하는 과정을 전문적으로
훈련받은 사람이다. 개개인의 특성에 맞추어 각자의 필요에 접
근해가는 방법에 숙련되어 리더 스스로 전략과 해결책을 도출
하도록 돕는다.

코칭에는 프로세스가 있다. 가장 대표적인 것은 리더십의 구
루 중 한 사람인 존 휘트모어(John Whitmore) PCI(Performance
Consultants International) 회장이 제안한 'GROW(Goal−Reality−
Option−Will)'다. G는 목표(Goal)를 설정하는 단계로, 본인이 원
하는 것이 무엇인지, 어떤 의미가 있는지를 분명히 한다. R은
현실(Reality) 파악 단계로, 지금 어떤 일이 벌어지고 있는지, 원
인은 무엇이고 더 깊은 원인은 무엇인지를 알아낸다. 사람들의
감정과 생각, 무의식적 전제와 시각까지 검토하여 현재가 분명
해지면 목표와의 격차를 뚜렷이 알 수 있다. 이는 다음 단계인
O로 이어진다. 대안(Option)을 탐색하는 단계로 목표와 현재

사이의 갭을 줄이는 방안이 무엇인지를 찾아낸다. 틀을 깨는 사고와 창의적 접근이 필요하며, 코치와 함께 브레인스토밍 등을 통해 적합한 대안을 도출한다. 마지막 W는 실행 의지(Will) 단계다. 여러 대안들 중에서 실제로 실행할 것을 정하고, 구체적인 계획을 세우고, 실행의 장애 요소를 찾아내어 해결한다. 이러한 프로세스는 리더가 중요한 것에 초점을 맞추어 실행하도록 도와준다.

휘트모어는 또한 코칭의 핵심을 '의식(awareness)과 책임(responsibility)'이라는 2가지 키워드로 정리했다. 즉, 깊게 생각하여 통찰과 의식을 갖게 하고, 스스로 해법을 찾아내어 그에 대한 책임감을 갖게 하는 것이 코칭에서 가장 중요한 부분이라는 말이다.

의식은 자신이 보고, 듣고, 느끼는 것을 성찰하여 사고 수준을 끌어올리는 것이다. 일방적으로 가르치고 조언하면 코칭받는 사람의 의식은 개발되지 않는다. 그래서 조언을 삼가고 스스로 고민하여 답을 찾게 하는 '발견 질문(discovery questioning)'을 많이 사용한다. 예를 들어보자.

한 CEO가 코치에게 회사 임원들이 문제라며 비난을 퍼부었다. 새로운 생각도 없고, 열정도 변화 의지도 없이 자리를 지키면서 월급만 축내는 존재라고 했다. 그는 임원들을 모아놓고 자신의 생각을 여과 없이 쏟아내면서 정신 똑바로 차리라고 원색적으로 비난하고 난 직후에 코치를 만난 것이었다.

"임원들이 어떻게 되기를 바랍니까?"

"시키는 일만, 일하는 시늉만 하지 말고 자발적이고 주도적으로 일하는 걸 바라지요."

"자발적이고 주도적으로 일하는 모습은 어떤 것일까요?"

"음…, 아이디어도 내고, 문제점이 있으면 미리 와서 의논하고, 적극적인 자세를 보이는 것이 아닐까요?"

"그런 모습을 기대하는군요. 조금 전에 CEO로서 임원들에게 하신 말이나 대하는 방식은 그런 데 어떤 영향을 미칠까요?"

대화가 이렇게 나가자 CEO는 무릎을 치면서 말했다.

"아! 제가 역효과를 주고 있는 것 같습니다. 그렇게 맹비난을 하니 자발성은커녕 움츠러들기만 할 것 같네요."

"임원들이 주도적으로 일하도록 CEO로서 어떤 노력을 해보시겠습니까?"

코칭의 결론은 본인이 원하는 바를 위해 보다 전략적으로 행동하는 것으로 맺어졌다. 감정적인 화풀이를 중단하고, 임원들과 개별적으로 만나 생각을 들어주고, 주문할 것은 차분하게 전달하기로 약속했다. 도저히 어려운 임원에게는 별도의 메시지를 주기로 했다. CEO는 그렇게 정리를 하고 나니 훨씬 생산적으로 일할 수 있겠다는 자신감이 생겼다고 말했다. 코치의 발견 질문을 통해 자신의 말과 행동, 조직 상황과 기대치에 대한 의식을 가질 수 있었던 것이다.

휘트모어가 말한 또 하나의 코칭 핵심인 책임은 자신의 생각과 행동에 대한 책임을 진정으로 받아들일 때 책임감과 성과가 높아진다는 것이다. 사람에게는 늘 해오던 패턴이 있고, 그에 따른 결과도 달라지지 않는 모습을 보인다. 특히 문제가 되는 경우는 자기중심적 주관에 빠져 있거나 자신을 희생자처럼 여겨 모든 잘못을 타인 탓 환경 탓으로 돌리는 것이다. 이렇게 부정적인 사고 패턴에 사로잡혀 있으면 아무도 책임을 지기 어렵다. 스스로 선택할 수 있는 기회와 권한이 주어질 때 책임감이 따라온다. 임파워먼트가 중요한 이유다. 만약 리더가 지시만 한다면 그 일에 대한 책임은 리더에게 있을 뿐, 직원은 책임감을 느끼지 않는다. 코칭에서 지시나 조언을 삼가는 이유도 여기에 있다. 스스로 책임질 수 있게 하려는 것이다. 그래야 효과가 커진다.

독재자는
회사에서도 환영받지 못한다

"피드백이 없으면 리더는 독재자가 되고 직원은 무능해진다."

피터 드러커의 말이다. 우리는 최근 대통령의 탄핵이라는 헌정 사상 초유의 일을 겪었다. 소통을 하지 않고 피드백을 받아들이지 않고, 자기 주관대로 자기 스타일만 밀고 나가는 것이 얼마나 위험한 결과를 초래하는지를 여실히 보여준 역사의 한 장면이었다. 피터 드러커의 말을 입증해 보인 씁쓸한 결말을 맞고 말았다.

기대 속에 취임했던 대통령이 탄핵으로 물러날 때까지 피드백이 작동하지 않은 이유는 무엇일까? 국정 수행 지지율, 여론 조사 등 피드백 장치가 없을 리 없다. 여러 전문가와 원로 그룹으로부터 언제든 조언을 받을 수도 있었을 것이다. 결국 방법이 없었다기보다는 피드백을 구하려는 마음, 동기가 없는 게 근본적 문제였다.

피드백이란 말은 원래 어떤 원인에 의해 결과가 나왔을 때 그 결과값이 원인에 작용해서 다음 결과를 조절하는 기능을 뜻한다. 스코어를 모르고 게임에 임하면 어떻게 되겠는가? 육상선수가 기록을 재지 않고 달리기만 한다면 어떻게 되겠는가? 모든 경기는 피드백이 있어야 승리를 위한 전략적 행동을 취할 수 있다. 조직에서도 피드백이 없으면 자신이 잘하고 있는지, 상사가 업무 결과에 얼마나 만족하고 있는지 알 수 없다. 기업에는 불만을 제기하거나 감동을 표현하는 등의 고객 반응이 피드백이다. 문제는 적절하게 피드백 결과를 흡수하고 검토하여 더 나은 행동으로 변화하려는 건강한 사이클이 살아 있느냐다. 리더 역시 여론과 전문가의 조언 등을 통한 피드백과 개선을 위한 자기 노력을 멈추지 않아야 한다.

하지만 피드백을 가로막는 요소도 강력하게 존재한다. 사람들은 대부분 자신에게 매우 관대한 나르시시스트들이다. 자신에 대해 긍정적 환상을 갖고 있다. 《스위치(Switch)》를 쓴 칩 히스(Chip Heath), 댄 히스(Dan Heath) 형제에 따르면, 자신이 평균 이상의 연구 실적을 낸다고 생각하는 대학교수는 94%에 달하고, 자기 리더십이 평균 이하라고 생각하는 고등학생은 2%

에 불과하며, 대인관계 역량이 상위 1%에 속한다고 믿는 사람은 25%에 달한다. 죽어서 천당에 갈 사람에 대한 설문조사에서 테레사 수녀라고 답한 비율은 65%인데, '나'라고 대답한 사람은 80%가 넘는다. 이처럼 보통 사람도 긍정적 착각에 빠지기 쉬운데, 최고 권력자는 어떻겠는가. 강력한 지지 그룹이 둘러싸고 있고 칭송이 끊이지 않는다. 그런 분위기 속에서 자신은 국가를 위해 선의를 갖고 노력하고 있다는 주관적 프레임에 빠지면 결코 빠져나올 수가 없다. 그만큼 위험하기도 하다.

리더가 좋아지는 다면진단 활용법

리더가 자신을 객관적으로 인식하고 성장하기 위해서는 주기적으로 리더십을 점검받아야 한다. 건강검진을 받듯 자신이 무엇을 잘하고 있고 무엇을 개선해야 하는지 정기적으로 피드백을 받을 필요가 있다.

조직에서는 피드백 도구로 리더와 함께 일하는 사람들로부터 평가를 받는 360도 다면진단을 활용한다. 본인은 물론, 상사와 동료, 부하직원까지 포함하는 360도 다면진단을 시행해보면 자신이 보는 나와 타인이 보는 나의 간격이 크다는 사실을 알 수 있다. 특히 윗사람이 보는 자신과 아랫사람이 보는 자신 사이에 큰 격차를 보인다. 세계적인 리더십 권위자인 스티븐 코비(Stephen Covey) 박사는 사람들이 "자신에 대해서는 의도로 평가하고, 타인은 행동으로 판단한다"고 했다. 내가 보는 나와 타인이 보는 나가 다른 이유다.

어느 기업의 한 리더는 최근 360도 다면진단을 받아보고는 깜짝 놀랐다. 전문성 면에서는 타의 추종을 불허할 정도의 실력으로 성과를 보여왔기에 사내에서 칭송이 자자하던 터였다. 그만큼 자부심과 카리스마가 넘치는 사람이었다. 하지만 리더십 역량에 대한 평가에서는 혹평이 쏟아졌다. 특히 구성원들의 이야기를 경청하지 않고 독단적으로 결정하며, 부정적인 코멘트로 구성원들의 사기를 저하시킨다는 지적이 많았다. 일이 잘못되었을 때 책임을 전가하며, 구성원들을 육성하려는 노력이 전무하다는 식으로 냉정한 평가가 나왔다. 이 결과를 보고 리더는 크게 당황했다. 직원들이 자신의 선의를 몰라주는 것에 화가 났고, 방어적인 반응을 보였다.

다면진단을 받은 리더들이 공통적으로 보이는 반응의 첫 번째는 거부다. 잘못된 결과라는 것이다. 다음은 색출이다. 누가 그런 응답을 했는지에 골몰한다. 거기서 그치지 않고 성숙하게 나아가면 수용 단계에 이른다. 뭔가 그렇게 비춰졌다면 자신에게도 문제가 있었을지도 모른다고 생각하는 것이다. 그러고 나면 마지막으로 개선에 대한 의지로 나아간다.

다면진단을 활용하는 바람직한 태도는 내가 보지 못한 나의 모습을 비추는 거울처럼 생각하는 것이다. 사람들이 생각하는 나의 강점과 개선 사항을 파악하는 게 일차적인 목적이다. '완벽한 사람은 없다'는 전제를 가지고 결과를 수용하고 거기에서 뭔가를 배우는 것이 중요하다. 시각의 차이를 가져온 여러 요인들을 냉철하게 생각해봐야 한다. 의도가 충분히 표현되지 않은 것, 특정 지식이나 스킬의 부족, 고유한 성격 특성 등이 그런 갭의 원인일 수 있다. 임원 평가 분야의 세계적 전문가 딘 스태몰리스(Dean Stamoulis)는 자신을 과대평가하며, 권한 욕구가 강하고, 타인을 이용하기만 하고, 자신을 내세우는 데 골몰하는 나르시시스트를 임원으로 선발하지 말아야 할 대표적 특성으로 꼽았다. 그는 이런 사람을 조직에 해를 끼치는 유독성 리더(toxic leader)로 분류했다.

상황 요인에 초점을 맞추면 자신의 패턴이 보인다

대통령이나 최고경영자가 되면 제어장치가 없어서 자칫 자기 성질대로 하기 쉽다. 어떻게 자신의 감정을 컨트롤할 수 있을까? 자기 마음대로 하는 행동과 감정을 다루려면 어떤 접근이 필요할까?

우선 자신이 언제 그렇게 하는지 환경과 상황을 섬세하게 들여다볼 필요가 있다. 문제 행동에 대해 성질이 못돼서 그랬다는 식으로 거친 결론을 내릴 게 아니라, 언제 어떤 상황에서 그런 행동을 하는지 패턴과 환경을 살필 필요가 있다.

조급하고 성마르게 사람들을 몰아붙이고 화를 잘 내는 리더가 있었다. 그의 행동은 조직 전반에 부정적 영향을 주고 있었다. 이때 단선적으로 생각하면 "어떻게 하면 화를 안 낼 수 있을까?"에 초점을 맞추기 쉽다. 하지만 상황 요인에 초점을 맞추면 질문이 달라진다.

"주로 어떤 경우에 화를 내는가?", "마음을 조급하게 하는 특정 상황이나 인물이 있다면 어떤 것인가?", "사고나 행동에 이를 촉발하는 패턴이 있다면 어떤 것인가?"

이런 탐구 정신을 발휘하면 의외로 의미 있는 것들을 발견할 수 있다. 위 리더의 경우에는 능력이 부족해 보이는 부하직원과 관련된 일이나, 급한 의제를 다루는 회의에서 화를 내는 것이 주된 패턴이었다. 그런 자신의 패턴을 자각하기만 해도 큰 진전이다. 그다음에는 왜 그런 상황에서 화가 났는지, 어떤 무의식적 전제가 있는지를 검토했다. 직원의 능력이 안 된다고 여기는 경우, 리더는 그가 기여하는 것 없이 무임승차하고 있다는 생각과, 그 때문에 전체의 효율성이 떨어지고 있다는 관점을 갖고 있었다. 그래서 그와 관련된 일은 처음부터 마땅치 않게 대하게 된다는 걸 자각하게 되었다. 또 급한 회의에서 화가 나는 이유는 회의에 참가한 임원들의 태도가 느긋해 보인다는 점 때문이었다. 한가한 말만 늘어놓는 것 같고, 자기 혼자만 동분서주하는 것 같아 참을 수 없다는 것이었다. 그의 시각에 대해 참가한 임원들의 입장이 어떨 것인지를 논의해보았다. 그들은 회의 분위기가 무겁게 얼어붙어 있고, 말 한마디 잘못했다가 질책당할까 두려워 반응을 안 보이는 작전을 쓰고 있었다. 그러다 보니 계속해서 CEO 혼자 원맨쇼하는 느낌이 들고, 임원들은 느긋하다는 생각을 갖게 된 것이다. 이 또한 중요한 발견이었다. 이렇게 문제 행동을 만들어내는 패턴과 상황 요인에 대한 인식을 하게 되자 그것만으로도 자신의 행동을 컨트롤하는 데 큰 진전을 보였다.

나이가 들면 왜 공감 능력이 떨어질까?

타인의 감정에 대한 공감은 어렸을 때부터 발휘되는 생존 기술이라고 할 수 있다. 공감을 못하면 '이상한 애'가 되어 또래 집단에 끼지 못하고 왕따가 되기 때문이다. 그래서 친구들이 웃으면 따라 웃고, 같이 슬퍼하고 엉뚱한 짓도 함께하는 것이다. 하지만 나이가 들고 지위가 올라가면 공감 능력이 떨어지기 쉽다. 왜 그럴까? 아무도 피드백을 해주지 않는 게 큰 이유 중 하나다. 꼰대같이 굴어도, 심술 맞게 고집을 부려도 아랫사람들은 그저 "네, 알겠습니다" 하고 물러나니 자신이 얼마나 이상한지 알 수가 없다.

권력을 가지면 타인을 함부로 대하기 쉽다. 그래서 더 자신의 공감 능력을 되돌아봐야 한다. 미국의 심리학자인 대니얼 골먼(Daniel Goleman)은 리더로 성공하는 데 정서지능(emotional intel-ligence)이 필수라고 말한다. 그리고 정서지능을 구성하는 5가지 요소 중 하나로 공감 능력을 꼽았다.

첫째는 자아 인식이다. 자신의 감정과 장단점을 인지하고 타인에게 미치는 영향을 이해하는 것이다. 자아 인식이 높은 사람은 자신감이 있고, 자신을 현실적으로 평가한다. 그래서 스스로를 농담의 소재로 삼을 수 있을 정도의 유머감각을 발휘한다.

둘째는 자기 조절 능력이다. 일시적 충동이나 기분을 통제하고 변화시킬 수 있는 능력, 행동하기 전에 판단을 위해 멈출 수 있는 능력을 말한다. 이 능력이 뛰어난 사람은 모호함에 대한 인내력과 변화에 대한 개방성으로 신뢰감과 성실성을 보여준다.

셋째는 동기부여다. 돈이나 지위를 초월하여 목표를 추구하는 성취 욕구가 있고, 실패에 직면해도 낙관적인 태도를 유지

한다. 조직에 대한 애착심을 가지는 것도 동기가 있는 사람의 특징이다.

넷째는 공감 능력으로, 타인의 감정을 헤아려 이해하고 그에 맞는 감정적 반응으로 대응할 수 있는 능력이다. 나와 다름을 받아들이는 감수성이나 타인에 대한 배려 등이 공감 능력의 징표다.

다섯째 사회적 스킬은 인간관계를 형성하고 관리하는 능력이다. 타인과 공통점을 발견하여 친밀한 관계를 만드는 능력으로, 강한 변화 주도력, 높은 설득력, 남다른 조직 능력이 특징이다.

정서지능이 높다는 건 다 참는다는 뜻이 아니다. 감성적이라는 뜻만도 아니다. '이래도 좋고, 저래도 좋다'는 식의 유약한 리더십을 말하는 게 아니다. 상황이 어렵다고 해서 자신의 불안함을 투사해서 구성원들에게 가혹하게 굴거나 싸늘한 태도를 보이지 않는다. 오히려 직원들이 불안할 것을 고려하여 성숙하게 대응한다. 구성원들의 감정을 존중하고 공감하여 자기들이 괜찮은 사람인 것처럼 느끼게 해준다. 당연히 이런 리더의 곁에는 좋은 사람들이 오래 머물 수밖에 없다.

공감하는 리더가 특별히 주의할 것이 있다. 남들 앞에서 공개적으로 말하여 수치심을 주는 경우가 있는데, 가장 피해야 할 일이다. 비난이 아닌 성장을 위한 피드백을 할 수 있어야 한다. 어떤 경우에건 존중하고 있다는 점을 확실히 해야 한다. 부족한 팔로워라 해도 그 사람의 인격 전체를 재단하거나 비판할 자격은 누구에게도 없다. 구성원의 상황과 사고방식, 관점을 충분히 파악한 후 건설적인 피드백을 할 줄 알아야 한다.

리더가 버려야 할 '자기 파괴적 습관'

후보가 된다는 것은 지금까지 매우 성공적이었다는 것을 말해준다. 하지만 지금부터가 문제다. 코치의 코치로 불리는 마셜 골드스미스(Marshall Goldsmith)는 《일 잘하는 당신이 성공하지 못하는 20가지 이유》라는 책에서 당신을 지금까지 성공시켜준 그 요인들이 다음 단계로 나아가게 해주진 않는다고 날카롭게 지적한다. 가장 경계해야 할 것은, 사소해 보이지만 자신의 더 큰 성공을 가로막는, 자기 파괴적인 습관들이다. 사람은 피드백이 주어져도 자기 식대로 해석하고 합리화해버리기 쉽다. 하지만 결정적으로 리더의 평판을 형성하는 것은 큰 의사결정 하나가 아니라, 매일 이루어지는 행동의 패턴과 습관이라는 사실을 명심해야 한다. 문제는 이런 것들이 정말로 자신과 주위 사람들에게 어떤 영향을 주고 있는지를 잘 모른다는 것이다.

한 예로 조언 추가형 리더가 있다. 그는 남의 의견에 그냥 수

긍하는 것은 뭔가 부족하고 항상 자신의 의견을 추가해야 한다는 강박관념이 있었다. 모든 대화에서 자기 의견을 덧붙여야만 마음이 놓였다. 그것을 유능함의 징표로 여기는 것이다. 결과는 어땠을까? 함께 일하는 사람들의 의욕을 떨어뜨리게 되었다. 리더를 만족시키지 못하고, 늘 리더보다 못한 사람이라는 인식이 만연하게 되었기 때문이다. 이처럼 조언 추가형 리더들은 5%의 아이디어를 추가하면서 사람들의 의욕을 50% 빼앗아버리는 결과를 초래하곤 한다. 왜 그럴까? 마음속 깊이 자신과 부하 혹은 동료와 계속 비교하기 때문인 경우가 많다. 무의식적인 그런 동기 때문에 속으로는 어느 정도 동의하면서도 꼭 의견을 덧붙인다. "그건 컬러를 좀 다르게 해보면 나을 것 같은데?"라는 식으로 말이다. 상사가 이런 반응을 보이면 다른 컬러로 만들어서 보고해야 한다. 조언 추가형 리더는 이런 추가적인 일을 고려하지 않는다.

과도한 승부욕도 흔한 자기 파괴적 습관이다. 이런 리더들은 중요하지 않은 것에서도 꼭 이기려고 하고, 논리적으로든 상황적으로든 자신이 이겨야 직성이 풀리는 행태를 보인다. 일을 논의하는 자리에서도 상대를 논리적으로 제압하고 자신이 더 똑똑하다는 걸 입증하는 데 열을 올린다. 이기는 것 자체가 목적이 되어 에너지를 낭비하고, 정작 중요한 목적은 잃게 된다. 인간관계나 동기부여 같은 것이 뒷전이 되는 것이다. 가장 밑바

닥에 경쟁하는 마인드가 자리 잡고 있기 때문이다. 그런 리더를 구성원들은 어떻게 바라볼까? 어느 인터뷰에서 구성원들이 한 말이다. "우리 상사가 자신이 옳다는 걸 지나치게 주장하는 걸 듣다 보면 '아, 우리보다 똑똑하다는 걸 내세우고 싶으시구나'라는 생각이 듭니다"라고. 구성원들이 알아챌 정도로 리더는 나르시시스트적인 자기 옹호를 하고 있었던 것이다.

부정적인 언어 습관을 가진 리더도 많다. 불필요하게 부정적인 코멘트를 일삼거나, 농담이라고 던지는 것이 시니컬한 조소로 나타나거나, 날카롭게 비평하여 상대를 공격하는 습관 등으로 상대에게 상처를 준다. 이런 습관으로 조직의 분위기를 냉각시키고 사람들이 대화를 꺼리게 만든다.

이 외에도 정보를 독점하거나 책임을 전가하는 등 유능하지만 존경받지 못하게 만드는 자기 파괴적 습관을 가진 리더가 많다. 리더라면 이런 습관을 돌아볼 수 있어야 한다. 습관이 무서운 것은, 사소해 보이지만 매일 쌓여서 자신을 구성한다는 점이다. 자기 파괴적 습관을 제대로 파악하여 그것을 버리고 새로운 습관을 형성하려는 노력이 필요하다.

궁극의 리더는
지속가능성을 생각한다

피터 드러커는 '조직은 개인의 유한성을 극복하기 위해 만든 것'이라고 했다. 개인이 아무리 뛰어나도 그는 유한할 뿐이다. 리더는 조직의 지속가능성을 위해 자신의 후계자를 늘 준비하고 육성해야 한다.

완벽하다는 평가를 받은 리더의 비결

후계자 코칭을 잘해온 리더가 있다. 그는 리더십 다면진단을 실시한 결과, 거의 어느 것 하나 부족함이 없는 완벽한 점수를 받았다. 코치로서 내가 15년간 봐온 리더들 중 단연 최고였다. 역량은 물론 성과도 뛰어나고 성품 면에서도 상당한 인정을 받고 있었다. 명문대 출신도 아니고, 든든한 배경이 있는 것도 아니었으며, 카리스마가 넘치지도 않았지만, 그와 함께 일한 사람들은 그를 따르고 존경하는 마음이 넘쳤다. 사람들에게 물어보니 진정성 때문이라고 했다. 본인에게 비결을 물어보자, 그건 후계자를 미리 준비하기 때문이라고 답했다.

이 리더는 어느 직책이든 발령을 받아서 가면 제일 먼저 사람을 찾는다고 했다. 2~3년 뒤에 지금 자신의 직책을 맡을 만한 사람이 누구인지를 그 조직 안에서 찾는다는 거다. 그렇게 두세 명의 잠재 후계자를 정하고, 그들이 자신의 역할을 맡을 수 있는 수준까지 올라갈 수 있게 육성에 초점을 맞춘다고 말했다. 같은 일을 해도 사람을 육성하는 관점으로 접근하면 임파워먼트도 저절로 되고 충성심도 생긴다는 것이다. 실은 자신을 대체할 사람을 키우는 일은 에고를 거스르기 때문에 단순한 사고로는 쉽지 않다. 하지만 그는 조직에서 자신을 다른 곳에 배치하려고 할 때 "저 사람이 빠지면 안 된다. 대신할 사람이 없기 때문에"라는 식의 말을 안 들으려고 노력했다고 한다. 오히려 언제든 다른 자리로 갈 수 있게 준비된 사람으로 있고자 노력했다는 거다. 그런 노력으로 그는 내부에서 존경을 받았을 뿐 아니라, 그룹에서 가장 승진이 빨랐고, 옮기는 데마다 기대 이상의 성과를 올릴 수 있었다.

조직에서 중요한 자리에 있는 리더는 항상 잠재 후계자를 예비해야 한다. 우선 현재 자신의 역할을 이어받을 가능성이 높은 후계자의 명단을 작성하는 것부터 시작해야 한다. 완벽하진 않더라도 일정 기간 준비를 거쳐 역할을 이어받을 가능성이 있다면 그것으로 출발점을 삼기에 충분하다.

후계자 육성을 위한 계획과 실행

잠재 후계자들을 정하고 나면 각 후계자별로 향후 역할을 담당하게 하는 데 어떤 역량과 경험의 갭이 있는지를 적는다. 예를 들어 전략적 사고의 보완, 고객 업무나 사람 관리의 경험 부족 등이 있을 수 있다. 그런 다음에는 이를 어떻게 개발해나갈지를 작성한다. 이것이 바로 후계자 육성 계획이다.

후계자를 체계적으로 육성하려면 계획을 세우고 그에 따라 전략적으로 실행하는 과정이 필요하다. 어떻게 하면 좋을까?

첫째, 어느 직책의 잠재 후계자인지 포지션을 정하고 필요 역량을 정리한다. 예를 들어 A사업부 국내영업본부장을 포지션으로 정했다면 ① 영업조직 구축, ② 고객사 관리, ③ 영업 인력의 평가를 역할로 정리할 수 있을 것이다.

둘째, 해당 포지션의 잠재 후계자 2~3인을 선정한다. 이를 당사자와 공유하는 것이 좋은지는 조직의 방침에 달려 있다. 어떤 조직에서는 '당신이 내 자리를 이어받을 후보자'라는 걸 명시적으로 알려주고 후원한다. 하지만 잠재 후계자의 속성상 내부 경쟁을 의식할 가능성이 크기 때문에 이를 방지하기 위해 본인에게 말해주지 않는 조직도 많다. 무엇을 우선시하는지는 그 기업의 문화에 따라 결정해야 할 것이다. 후계자의 직급은 어디까지 한정하는 게 좋을까? 정답은 없지만, 큰 기업의 경우 팀장 직급까지 잠재 후계자를 설정해두는 것이 일반적이다.

셋째, 각 잠재 후계자가 해당 포지션을 승계받기까지 어느 정도의 기간이 필요한지를 작성한다. 당장 승계할 수 있다고 보는지, 1~2년이 더 필요한지, 혹은 3년 이상의 기간이 더 필요한지를 기록한다. 실제로는 잠재 후계자가 당장 승계할 수 있다고 보는 경우는 거의 없다. 왜 그럴까? 그들의 준비 수준이 객관적으로 낮을 수도 있지만, 현재의 리더가 잠재 후계자를 평가할 때 자신을 기준으로 삼기 때문인 경우가 많다. 자신도 처음 그 역할을 수행할 때 지금보다 더 신인이었다는 점을 기억할 필요가 있다. 즉, 현재의 자신과 비교하기보다 시작할 수 있는 자격을 평가해야 한다.

넷째, 포지션이 요구하는 역량과 후계자의 현재 역량의 갭이 무엇인지를 작성한다. 그가 포지션을 맡기 위해 더 갖추어야 할 역량, 즉 지식, 태도, 스킬이나 경험이 무엇인지를 정리하는 것이다. 이것은 향후 육성을 위한 초점이 된다. 무엇을 개발해야 할지 육성 계획의 목표가 되는 것이다.

다섯째, 세부적인 역량 개발 계획을 세운다. 예를 들어 특정 업무 경험이 반드시 필요하다, 어떤 스킬을 갖추기 위한 교육을 받는다, 특정 기술 분야의 지식을 더 갖춘다 등등 포지션을 맡기 위해 후계자가 개발할 것들을 정리하는 것이다.

조직에서는 해마다 육성 계획과 실행 과정을 재검토하고 보완해나가야 한다. 이를 기반으로 경력 개발과 배치 등을 효과적으로 시행할 수 있다. 이 같은 노력이 최상의 리더십 파이프라인을 구성하고 더 원활하게 작동하도록 만든다.

당신에게만 알려주는 비밀 이야기 04

코치를 두고 정규적으로 코칭을 받을 때 얻을 수 있는 혜택은 상상 이상이다. 아무리 똑똑한 리더라도 자신의 주관 속에 머물다 보면 객관적 시각을 잃게 되고 독선에 빠지기 쉽다. 코치와 정기적으로 자신의 관점과 행동을 재평가하고, 외부의 시각으로 평가해볼 필요가 있다. 인력 양성 체계가 잘 갖추어진 글로벌 기업들 대부분이 CEO와 임원들, 핵심 인재들에게 정기적인 일대일 코칭을 받게 하는 까닭이 바로 여기에 있다.

나의 코치는 누가 좋을까?

코치는 어떤 사람이 좋을까? 먼저 솔직하게 고민을 털어놓을 수 있도록 안전한 분위기를 만들 수 있는 코치여야 할 것이다. 하지만 좋은 말만 나누다 끝나는 게 아니라, 도전하도록 자극을 줄 수 있는 코치를 추천한다. 특히 후계자들에게는 미래를 위해 안전지대에서 벗어나 변화와 자기계발을 자극해주는 코치가 필요하다. 아플 정도로 정직한 피드백을 주고받을 수 있고, 진실을 말해줄 코치라야 한다.

코치와는 다르게 자신을 도와줄 후원 그룹도 필요하다. 필요한 조언을 해줄 멘토 혹은 멘토 그룹을 만들라. 멘토는 꼭 같은 분야의 시니어라야 할 필요는 없다. 배울 수 있는 사람, 사회의 다른 관점에서 나의 일을 보고 조언해줄 수 있는 사람, 눈앞의 일에 매몰되어 있는 시각을 확대해 보도록 도와줄 수 있는 사람들이다. 분야에 따라서는 시니어 멘토가 아니라 젊은이들로부터 역멘토링을 받을 수도 있다.

롤모델을 정해보라. 롤모델이 있다는 건 겸손하다는 뜻이다. 오만한 사람에겐 롤모델 따윈 필요 없다. 롤모델은 자신이 지니고 싶은 어떤 특성, 질(quality), 수준을 보여주는 존재다. 글을 잘 쓰고 싶어서 좋아하는 작가의 글을 필사했다는 작가들이 있다. 소설가 신경숙이 대표적이다. 대학생일 때 최인훈, 김승

옥, 오정희, 윤홍길의 소설을 노트에 옮겨 적었다고 한다. 그녀는 "그냥 눈으로 읽을 때와 한 자 한 자 노트에 옮겨 적어볼 때와 그 소설들의 느낌은 달랐다. 소설 밑바닥으로 흐르고 있는 양감을 훨씬 더 세밀히 느낄 수가 있었다. (…) 필사를 하는 동안의 그 황홀함은 내가 살면서 무슨 일을 할 것인가를 각인시켜준 독특한 체험이었다"고 말했다. 롤모델이 지니는 의미도 이와 비슷할 것이다. 이론과 원칙이 아니라 생생한 양감을 통해 '그 사람이라면 어떻게 했을까?'를 생각해보는 것, 그것만으로도 가치가 있다.

피드백에 피드포워드를 더하라

현명한 리더는 피드백을 활용한다. 정기적으로 피드백을 받을 수 있는 시스템을 만들어라. 피드백은 현재 운행하는 차의 속도를 보여주는 것과 같다. 속도를 줄이라는 표지판보다 지금의 속도를 보여주는 게 더 즉각적으로 속도를 줄이는 행동을 유발한다. 피드백을 받아보면 자신이 혼자 너무 많은 일을 하고 있지 않은지, 눈앞에 닥친 문제를 해결하는 데만 급급하지 않은지, 직원들을 코칭하고 비전을 제시하며 이끌고 있는지 객관적 조망을 할 수 있다.

우리가 성장하지 못하는 주요 원인은 자신을 제대로 평가하지 못하기 때문이다. 자신의 약점을 깨닫고 도전하는 마음을 먹으면 엄청난 성장을 이룰 수 있는데도, 많은 사람이 자신의 약점을 잘 모르거나 인정하지 않는다. 물론 강점에 대해서도 객관적으로 알 필요가 있다. 자신의 의사소통이나 대인관계 능력, 분석력, 우선순위 설정과 조직화, 위임 능력, 판매 능력, 건설적인 직면 능력, 코칭 능력, 외국어 능력, 해당 분야의 전문지식 등 역량 수준에 대해 타인의 피드백을 받는 게 성장의 출발점이 된다.

피드백과 반대로 '피드포워드(feed forward)'를 받을 수도 있다. 피드백이 이미 일어난 일에 대한 평가라면, 피드포워드는 앞으로 변화할 내용에 대해 주위 사람들의 의견을 얻는 과정이다. 방법은 간단하다. 자신이 개선하고 싶은 분야를 하나 정해서 주위 사람들에게 내가 어떻게 그 분야에서 더 나아질 수 있는가를 묻는다. 그들의 의견을 받고 그에 대해 감사를 표시하면 된다. 단순한 것 같지만, 이는 우리를 지속적으로 향상시킬 수 있는 강력한 방법론이다.

주위 사람들의 아이디어를 받는 것은 많은 이점이 있다. 개선을 위한 참신한 아이디어를 얻을 수 있을 뿐만 아니라, 그들과 정서적 유대가 생긴다. 그들의 관점도 더 잘 알 수 있다. 이를 통해 자신의 노력에서 기준으로 삼을 만한 지렛대 행동을 파악할 수 있다.

경력 초기엔 배움 네트워크, 후기엔 의미 네트워크

《일의 미래(The Shift)》라는 책을 쓴 린다 그래튼(Lynda Gratton) 박사는 앞으로 펼쳐질 세상에서 가장 중요한 자본으로 지식자본, 사회적 자본, 감성자본을 들었다.

세상이 빠르게 변하는 만큼 지속적인 학습은 필수다. 리더가 한발 앞서 나가려면 우물 안 개구리에서 벗어나야 한다. 스스로 공부하는 습관을 만들어야 한다. 학위 과정만이 공부는 아니다. 관심이 있거나 전문성이 필요한 분야에 대해 공부 계획을 세우고 꾸준히 학습할 수 있는 구조를 만들어 지식자본을 축적해야 한다. 공부는 배반하지 않는다. 단기적 실효성은 모르지만, 꾸준히 축적된 학습의 힘은 누구도 부인하기 어려운 성과를 예비한다.

사회적 자본은 자신이 맺고 있는 관계와 네트워크에서 나온다. 신뢰할 수 있는 사람들, 배울 수 있는 전문가들과 관계를 형성하라. 《낯선 사람 효과(Superconnect)》에서 네트워크의 힘이 얼마나 중요한지를 설파한 리처드 코치(Richard Koch)는 경력 초기에는 많이 배울 수 있는 네트워크를, 경력 후기에는 자신이 기여할 수 있는 의미를 중심으로 네트워크를 선택하라는 기준을 제시했다. 나를 알아주고 감정을 나눌 수 있는 깊이 있는 인간관계가 개인의 행복감에 필수적이지만, 네트워크의 사회적 가치는 깊이보다 넓이에 있다. 우리에게 중요한 배우자나 사업상 소개 등은 대부분 얕게 아는 사람들로부터 온다. 그들은 다른 세계에 있기 때문에 다른 정보를 준다. 친한 사람들이 아는 것은 대개 나도 아는 것이다. 그래서 네트워크의 확장이 어려운 것이다. 네트워크를 다양하고 폭넓게 갖되 한 번을 만나더라도 진심을 다하여 신뢰를 형성하는 게 중요하다.

감성자본은 미래 세상에서 더욱 중요해진다. 사람들이 SNS를 통해 실시간으로 소통하고, 느낌을 전달하면서 자신을 표현하는 세상이다. 직접 만나지 않아도 그 사람에 대한 인상을 형성하고 연결된 느낌을 가질 수 있다. 심지어 나와 전혀 관계가 없을 것 같은 아프리카에서 굶주리는 아이들에 대해, 버려진 애완동물에 대해, 누군가의 일탈이나 성취에 대해 이야기를 나누고 교감하는 중이다. 여기서는 사실 그 자체보다 그에 대해 호응하며 느낌을 교환할 줄 아는 태도와 능력이 중요하다. 성취가 전부가 아니라 사람들과 마음을 나누고 타인에 대한 공감 능력을 키우는 것, 공동체에 봉사하는 감수성을 갖는 것, 이것이 미래의 리더들에게 꼭 필요한 감성자본이다.